传承者

张落雁 蔡旭东 著

宁波非遗传承人群像

宁波出版社

图书在版编目（CIP）数据

传承者：宁波非遗传承人群像 / 张落雁, 蔡旭东著. —— 宁波：宁波出版社, 2025.3. —— ISBN 978-7-5526-5564-3

Ⅰ．K825.7

中国国家版本馆 CIP 数据核字第 2024U0T895 号

传承者：宁波非遗传承人群像
CHUANCHENGZHE
NINGBO FEIYI CHUANCHENGREN QUNXIANG

张落雁　蔡旭东　著

出版发行	宁波出版社
地址邮编	宁波市甬江大道 1 号宁波书城 8 号楼 6 楼　315040
责任编辑	朱璐艳
责任校对	虞姬颖
摄　　影	寿家骐　李　越
装帧设计	金字斋
印　　刷	宁波白云印刷有限公司
开　　本	889mm×1194mm　1/32
印　　张	5.25
字　　数	95 千
版　　次	2025 年 3 月第 1 版
印　　次	2025 年 3 月第 1 次印刷
标准书号	ISBN 978-7-5526-5564-3
定　　价	68.00 元

如发现缺页或倒装，影响阅读，请与出版社或印刷厂联系调换
电话：0574-87248279（出版社）
　　　0574-87328764（印刷厂）

传承，就是延续一团团火。

当非遗需要特别关注传承的时候，那么它可能正面临着消失的风险。这是笔者在创作本书时最直观的感受。生活方式的现代化、社会价值观的变化、经济的跨越式发展等因素，使一些曾经时兴的物件变得不再紧俏，又或是科技的发展使得不少生产方式由手工转向机械。那些手上的技艺离人们的生活越来越远，似乎变得不再那么重要。

但这并不全然正确。在拜访了一位又一位非遗传承人之后，我们愈发坚定地认为，非遗的传承保护十分必要且紧迫。曾经，他们接过母亲手里的剪刀、接过同事传来的绣布、拿起爷爷手中的瓷土、握紧师父刨好的竹条……不论是为了生计，还是兴趣使然，他们在前行中成长为某一领域的佼佼者,又成为技艺的传承者。而现在,当已经很少有人在这条狭窄的道路上行走时,他们依旧用自己的坚持和努力,去拓宽这一条条金色的小路。让他们坚持下去的,是岁月的惯性,是不舍的深情,更是独属于非遗自身不可取代的魅力。

手上的技艺,牵动的是心中的记忆。这些技艺,就像一团团火。传承者怀揣着技艺的火种,火种虽历经风雨飘摇,却依旧充满着生命力,骨木镶嵌的雕如汉画、金银彩绣的翻飞起舞、工艺竹编的精巧细致……无一不是民族文化的根源和生活方式的延伸,也是连接过去与未来的桥梁。

当一团团火即将熄灭的时候,一代代传承者总能郑重其事地掏出口袋里的火柴,擦燃,延续它的光亮。

也唯有这样,传承的故事才能绵延不绝。

而传承者们的故事,当然该被好好记录。

目录

|骨木镶嵌|

甘金云：心连广宇，思入豪芒 — 03

|宁波泥金彩漆|

黄才良：让古老漆器技艺在传承中得到升华 — 27

|越窑青瓷烧制技艺|

施珍：火中取莲，复活青瓷秘色 — 43

|宁波金银彩绣|

张丽娟：裁云剪月，妙笔神针 — 59

|象山竹根雕|

张德和：象山竹根雕，从此便有了颜色 — 73

| 灰　雕 |

朱英度：灰塑人生 — 91

| 慈城水磨年糕手工制作技艺 |

谢大本："纸上谈兵"的非遗传承人 — 103

| 鄞州竹编 |

叶良康：用一辈子，做一件事 — 121

| 象山剪纸 |

谢才华：从指尖到纸上的匠心 — 139

| 木杆秤制作技艺 |

胡松青：慈城最后一个制秤人 — 151

骨木镶嵌

国家级非物质文化遗产代表性项目
2008（第二批）

传承人

甘金云

男,宁波江北区慈城镇人,生于1958年。自幼喜爱美术、木雕,40多年来一直从事宁波骨木镶嵌研究工作,设计、制作出百余件微型家具和各种大型家具,修复了数以万计的明清工艺品。作品多次获省级特等奖、金奖、银奖、优秀奖,多件作品被艺术馆、博物馆及中外收藏家收藏。

现为非遗项目"骨木镶嵌"省级代表性传承人,浙江省工艺美术大师。

心连广宇,思入豪芒

"师父,我回来了……"

跟了他足足8年的徒儿回到他的身边,甘金云没有在脸上表现出丝毫的欣喜,只是轻轻地"嗯"了一声。与他相伴几十年的妻子邵惠珍却知道他的脾性,那一声"嗯"里包含着许多情绪,比如期待、希望,悬了大半年的心终于可以放下。

但这心,放得太早。

不大的工作室里,师徒两人一坐就是大半晌,低着头忙着手中的活计,顾不上说一句话。清早晨曦明媚,树梢喜鹊欢叫,风吹竹林簌簌,午后知了声声,傍晚夕阳绚烂,似乎都无法让他们抬起头望一望这窗外的世界。

这样平静祥和的日子很短暂,仅仅3天而已。

第四天的上午,不到一个时辰,徒弟阿明就站起身来,伸了伸懒腰,出去抽了根烟。回来才半个小时,他便又烦躁起来……

这天中午，阿明面有愧色，目光不敢直视师父，轻声说："师父，我静不下心来，这行饭，吃不了了……"

甘金云依旧没有什么表情，挥了挥手，目送着曾经想倾囊相授的徒弟渐行渐远。那天下午，甘金云破天荒地没有进工作室，只是躲在角落里抽烟。

"别难过了，阿明跟我们没有缘分！"邵惠珍拍了拍甘金云的肩膀安慰道。

他沉默了半晌，才回答："我只是怕，这门手艺再也传不下去了！"

他的面前烟雾弥漫，似乎是被烟味呛住了，他咳嗽了几声，几乎咳出泪来。而眼前，似乎出现了40多年前的自己……

缘起木雕

1973年，慈东公社新联大队。

这一天早上5点，整个村庄从朦胧的薄雾间刚刚醒来。这时，乡间小道上出现了一个瘦弱的少年，他手上拿着一根长长的竹篙，脚边是一群毛乎乎的鸭子。这群小东西迈着蹒跚的步伐，"嘎嘎嘎"地唱着叫着，欢快地前行。

那少年就是甘金云，16岁的他刚从五七中学毕业，回到新联大队第四生产队成了赶鸭人。300多只鸭子在鸭竿的指挥下,排列得整整齐齐、井然有序。他们一起走过田野,走过家乡的青山绿水。鸭子从河面游过,而他则无数次从茅家桥、棚门桥、丁家桥……那一座座古老的石板桥上走过。

"难道我的人生就这样了吗?"很多个黄昏落日时,他问自己。

直到几个月后,大队里有人来问他:"小伙子,大队办了一个雕刻厂,你去吗?"

那时的他,对于"雕刻厂"的概念模模糊糊,这个词却勾起了他初中毕业前的一段记忆。

初中毕业前夕,班主任黄福根老师把他们几个孩子叫到了一起。

"我们一起给全班同学准备一份毕业礼物,怎么样?"

"好啊,可准备什么礼物呢?"

擅长绘画的黄老师展示出一张雷锋的人物半身像——他戴着厚厚的军帽,握着枪,似乎在站岗,他面容年轻,目光却坚定不移。

"我们刻一幅木刻画,然后给所有同学每人印一幅雷锋像,怎么样?"

"太好了!"几个孩子欢呼了一声。

说干就干,他们买来刻刀,四五个人在老师的指导下开始动工。虽然,他们此前从未接触过刻刀,倒也做得像模像样。

一起捣鼓了四五天后,一幅栩栩如生的雷锋半身像木刻画出现在他们面前。然后涂上颜色,印了几十张画。毕业前的最后一天,全班同学都收到了这份礼物。

当收到同学们的感谢和赞扬时,甘金云很有自豪感。那是他对于木雕最早的印象。

从打磨凿子开始

1974年1月1日,元旦,甘金云来到宁波工艺美术厂加工点新联雕刻厂报到。他左右看了看同来报到的一群人,25个人!基本上都比他年长,有几个显然是知识青年。

几分钟的等待后,他们的师父出现在面前。这是一个表情严肃的中年男子。他的目光在队伍里巡视了一遍,清了清嗓子,说:"今天,你们每个人会领到属于自己的一套工具,但是,只有凿子,没有凿柄,这就需要你们自己想办法……"

他们果然领到了工具:盒子里是大小不一的凿子,整整25把!每把凿子的刃都是钝的,像是沉睡的宝剑,等待开锋的那一天!甘金云把整套工具抱在怀里,小心翼翼地捧回了家。

他把"宝贝"放在面前,却犯了愁,凿柄要怎么办?每把凿子都有着不同的尺寸,也就意味着每把凿柄都需要量身定做。那么凿柄该用什么材料呢?

这时,他想起不久前与父亲的一段对话。那天下午,父亲在院子里忙碌着。

"爸爸,你在干什么?"

"哦,做锄头的柄呢!"

"哎,这是后山上的黄檀树?"

"是啊,黄檀的木质又硬又有韧性,很适合做农具的……"

对啊!黄檀!甘金云兴奋地跳了起来,像只猴子般往山上蹿去!

"阿云,你去哪儿呀,都好吃饭了!"母亲在背后喊着,甘金云置若罔闻。

黄昏落日时,甘金云伴着夕阳满载而归。

对心灵手巧的甘金云来说,木匠活并不算难。所以没几天,那大小、长短不一的凿柄就完工了。

然而,更大的难题接踵而至——为25把凿子开锋!每把凿子的用途不一,需要的锋利程度也不一样。粗磨、中磨或者细磨,所用的磨刀石大不一样。粗磨用原石,中磨和细磨用磨刀砖或羊肝石……

每一次磨砺,对甘金云来说,似乎都是一种考验。

那段时日,正是春节前后。那几天,大雪纷飞,室外寒风刺骨。小小的院落被大雪覆盖,只有一道瘦弱的身影,弯着腰,不停地磨着凿子,做着机械而重复的动作。他的手上到处都是伤口,血淋淋的。可他并不在意,只一心虔诚地盯着手里的凿子,看着它变得越来越锋利。

20多天,他几乎没有歇息,哪怕是大年初一也没有停工。终于,那些半成品的凿子成了25把真正称手的工具。

几十年以后的今天,回忆起那段日子,甘金云觉得,师父这样做颇有深意。

不满意就"再来一遍"

第一天,先开始学雕刻。用的是废木板,雕的是最简单的野菊花。

花样是一早有的,用复写纸在木板上复印好,就照着它的线条雕刻。

"好像不是很难嘛。"有人轻声嘀咕,看着师父轻轻巧巧凿了几下,一两朵小巧玲珑的野菊花就展现在眼前,虽然没有颜色,可鲜活的模样呼之欲出。

有人忍不住也学着老师的样子凿了一下,"啊"一声惊呼,线条居然歪了!

同样一把凿子,在老师傅手中,是听话的工具,犹如神笔马良的画笔,想要什么就能出现什么;可在初学者手中,却如同关公的青龙偃月刀,没点本事根本无法掌控。甘金云没有急着动手,而是细细地观察师父的动作,哪里力道要重,哪里要轻……

等到心中大致有了底,他才开始小心翼翼地使用手中的工具,用的是平凿、圆凿和三角凿。技法其实也是最基础的,无非打坯和修光。

花瓣、花蕊,枝叶,一朵野菊的雏形展现在眼前。甘金云看了看自己的作品,摇了摇头,似乎哪里不对。再仔细

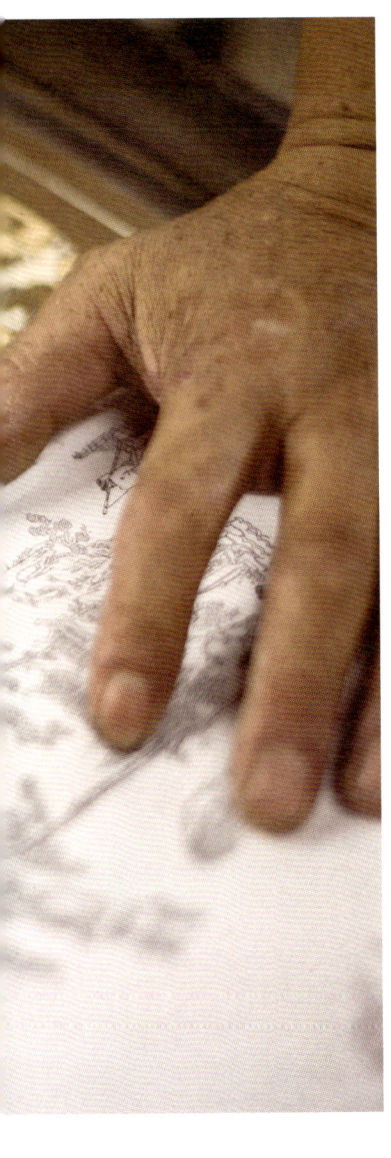

观察师父的作品,他刻出来的菊花,枝叶层层叠叠,极富层次感和立体感,而自己的却略显平面呆板。

"再来一遍!"甘金云为自己打气。

一天下来,甘金云终于完成了自己的第一幅木雕作品。那块长不过20厘米,宽不过12厘米的木板,却是他这一生梦想的开端。

有时候,一门手艺和某个人,似乎真有种冥冥之间的联系。甘金云只要一拿上凿子,心就瞬间安静下来,面前的木板就是他的整个世界,而他是主宰!那段日子,他天天捧着木板和工具,一遍遍地雕琢,从最简单的花鸟开始:牡丹、月季、梅花、绣球花,还有喜鹊、寿带鸟……

在清早微弱的晨光中,在深夜昏暗的灯光下,他总是保持着那个姿势:略弯腰,低头,手握工具,目不转睛,细细雕琢。难以想象,一个十六七岁的少年能够保持这样的沉静和坚韧。

3个月后,师父定下来的考试时间就快到了。

"啊呀,你准备得怎么样了?"

"心里没底啊!"

大多数人都显得有些紧张,考试成绩很可能决定着自己的去或者留。

师父走了进来,看着交头接耳的徒弟们,咳嗽了一声,清了清嗓子,大家顿时安静下来。

"今天的考试很简单,每个人按照图纸雕一幅花鸟就行了,给你们一天时间,不用慌!"

每个人手上都拿到了一块板,是椴木的。甘金云闭上眼睛,抚摸木板上细腻的纹路,脑海里已经呈现出整个雕刻过程和完成的作品:牡丹在木板上盛放,而点了睛的喜鹊正要飞上枝头……他深吸一口气,仿佛闻到花香。在神情彷徨的众人间,胸有成竹的甘金云显得很特别。

半天时间,甘金云的作品就完成了,评分的几位老师毫不犹豫地给了他"优"。

骨木镶嵌,从入门到精通

1983年,上海红木雕刻四厂。

甘金云来到这儿是为雕刻厂解决无法攻克的技术难题。香港客商订了一批骨木镶嵌的家具，利润很诱人，可镶嵌工艺却迟迟无法达到要求！这是怎么回事？

甘金云仔细地看了一遍整个工艺流程，胸有成竹地点了点头。

"首先要改进工具，你们用的钢丝锯，钢丝太粗，弓太软，改用有韧性的竹会更好……"

"你们的图纸也有问题，镶嵌的图纸与一般画作很不一样，因为有层次感……"

甘金云一上来，就指出了几个问题。比他年长，又比他有资历的一位师傅当场就觉得挂不住脸，冷哼了一声。

没过多久，他就派了两个徒弟来找甘金云。

"甘师傅，你画的图纸里，有一个S形的花纹，只有1毫米的宽度，这个怎么可能用牛骨锯得出来？"

"是啊，你是不是故意为难我们啊！"

两个人来势汹汹，甘金云知道这是来考校自己的！

他没有反驳，只是平静地说："这个很简单，我只需要一分钟就能锯出来！"

"不可能，我们不相信！"身边的工友都围了过来，目光中是掩饰不住的怀疑。

甘金云找来一片牛骨，拿起钢丝锯，稍微比了比，就动手了。

"咔嚓,咔嚓",他的面前扬起一片尘屑细雾,手中的动作却如行云流水般。有人屏住了呼吸,有人在一边计时,更多的人是等着看一场好戏!

"好了。"甘金云停手时,眼前是一片精致漂亮的"S"形牛骨。

"天哪,才40秒!"有人惊叹,有人沉默,有人赞扬,只有甘金云是淡然的,因为他知道,这是他10多年基本功的积淀!

当年,由于市场需求的转换,做了多年白木雕刻的甘金云改做红木雕刻,再转为骨木镶嵌时,也不是没有过阵痛期。

红木的硬度不是椴木可比拟的,要转做红木雕刻,尤其是镂空雕,单工具就有很大的不同。用着称手的凿子变成了钢丝锯,力道稍掌控不好,那锯就会弹跳起来,很可能还伤了手!

那就只能重新练习,用16岁那年的执着和毅力,一遍遍地调试,一遍遍地雕琢,终于把红木雕刻这关给攻下了。

然而,红木雕刻始终不是甘金云的终极任务,命中注定他会接触骨木镶嵌。

甘金云并不是没听说过骨木镶嵌。

曾经,他在富户家中见到过一张床,上面是象牙、牛骨镶嵌的亭台楼阁、花鸟鱼虫,仿佛把人间万象都囊括其

中,那昂贵的红木反而成为底色。他忍不住伸手触摸,手感平滑。

"这是怎么嵌进去的?"他自言自语。

"不知道了吧,这是宁波老底子的手艺——骨木镶嵌!"有人回答。

原来,这就是骨木镶嵌!那时,他并不知道著名学者赵朴初盛赞它为"思入豪芒、心连广宇、熔今铸古、巧嵌精雕",也不知道它在河姆渡时期就已有雏形,更不知道他的一生会与它紧紧相连……

甘金云并不是厂里第一批去学骨木镶嵌的,先行的几个人铩羽而归,有人对他说:"太难了!"

他在第二批的名单里,学习伊始,他们几个人就接到一个高难度的任务,在直径 15 厘米的红木圆盘上,镶嵌"西湖十景"。

他们对着图纸中精巧的亭台楼阁,面面相觑,束手无策。

怎么办呢?只好用蚌壳先练手。当报废的蚌壳堆积如小山一般时,他们才敢正式上手。也正是第一幅作品的高难度,让甘金云打下了坚实的底子。

无可替代的极致手艺

昨日的时光,终成发黄的照片,只能偶尔拿出来细细回忆;而那些同伴,也只能陪伴一段路,走着走着就散了。

工厂倒闭,艺人星散。1988 年,甘金云成立了"甘雨民间工艺坊"。

独立门户的甘金云,不是没有过发展壮大骨木镶嵌产业的梦想,但往往梦想很丰满,现实很骨感。

要做大这个产业,首先当然需要人。可走出去一看,曾经一起学艺的 25 个同伴手艺早已生疏,后继无人。

最令他辗转反侧的还是现代工业化家具的冲击,同时受到冲击的还有他的思想。

原生态的手工作业,有着不稳定性和费时的弊端。他还记得,在原来的工厂中,一道制作镶嵌用的牛骨的流程就十分费时。每天一早,他跟师父到段塘的牛市去收集牛排骨,回厂后,将骨头放到瓮里浸泡一个多月,去除气味。再把风干的骨头加工成镶嵌所需的骨片,厚度在1厘米至1.5厘米,宽度仅为4厘米多。一整套流程下来,花个一年半载是常事。此外,制作者刀法的快慢与钢丝锯的精准性,都会影响质量,太薄太厚或厚薄不均,都要报废掉。如此一来,制作的不确定性,使这个产业很难扩张。

可若要做到产业化,势必要把许多道工序变成流水线式的工业化,抛弃原来的纯手工制作。

这个时候,甘金云犹豫了。

正在那时,有一位上海客人突然来访。

他正色道:"家中有一张床需要修复,找了很多人都不行,不知道甘师傅愿不愿意试试!"

几天后,甘金云见到了那张床,忍不住一声惊叹。

这是一张清代红木万工床。山水花鸟,喧闹街市,忙忙碌碌的商人、行色匆匆的旅人、尽情嬉闹的童子、娴静优雅的仕女……人间万象,栩栩如生。以木为底,以象牙作刻,以时间为经,以空间为纬,勾勒出如此令人赞叹的作品。

"你看,就是这一块高嵌的象牙脱落了,需要修补!"

甘金云立即意识到难度，修补的象牙镶嵌，不能有毫厘误差，必须严丝合缝，才看不出修补的痕迹。

尝试了无数次，甘金云才完成了这高难度的任务。当那张床修复完好时，上海客人激动得几乎落泪："这张床是祖上传下来的，这张骨木镶嵌的大床，每一个细节都承载着宗族、门第和代代相传的美好愿望，每一寸都体现着传统手工艺的温度！这样的艺术精品，又怎能是现代家具可比拟的?!"

听了这番话,甘金云猛然醒悟。传统工艺打动现代人的,不就是那无可比拟的手艺吗?而他要做到的就是精益求精,把这门手艺做到极致!

从此,那个不足10平方米的工作室,永远都有甘金云如雕塑一般的坐姿:脊背如弓,手上持着工具,全神贯注地盯着面前的作品,切割、镶嵌、雕刻、打磨……

甘金云觉得时光是静止的,静止在骨与木的交错中。可悄悄地,时光早已带走了他年轻的面容,漆黑的头发,清澈的眼神……

有一天,他放下工具,看到镜中的自己,突然有点恐慌:他总会老去,可传承这门手艺的人呢?

同门师兄弟早已四散,曾经带过的徒弟也纷纷改行。会不会有那么一两个年轻人愿意承受这样的寂寞,愿意如此执着地守候,痴迷于每一次骨与木的碰撞?就如同40多年前的自己。

甘金云不知道,所以只能等待。

甘金云说骨木镶嵌

宁波骨木镶嵌的品类繁多,与人们的日常生活密切相关。可以分为三大类。一是传统家具类,包括床、榻、衣箱、开门箱、幢橱、八仙桌等。二是生活用品类,包括砚盒、首饰箱、梳头箱、果盒等。三是门、窗、凭栏等建筑装饰。

常用的题材大致可分为三类：人物故事，包括民间传说、历史故事、戏曲片段、生活风俗等，如"泥马渡康王""渔、樵、耕、读"等；山水景物，包括名胜古迹、四时景色等，如"西湖十景""桃李佛手""松鼠葡萄"等；花鸟静物，包括花、鸟、虫、鱼等图案装饰纹样，更多见的是传统的纹样组合，如博古纹、回纹、暗八仙纹等。

骨木镶嵌无疑是中华文化的瑰宝。作为传承人，我要把这项手艺好好传承下去。甚至希望能开一个骨木镶嵌艺术馆，让更多的人来参观，从而知道它、喜欢它。那么这一辈子，我也算是无憾了。

骨木镶嵌：巧嵌精雕如汉画

宁波地方志上曾有这样的记载："雕嵌工作图案古拙，几同汉画……手技精练，奏刀工致"，并赞誉"天衣无缝"。

大约隋唐时，宁波的骨木镶嵌工艺品就开始出现，并发展为独具浓郁地方风格的工艺。这并非偶然。宁波以其天然海港、水陆交通发达而成为南宋对外贸易的主要口岸之一。商业、手工业随之繁荣，专业性作坊、作场和同业会馆等相继出现,特别是木器业的迅速发展,给骨木镶嵌工艺提供了广阔的发展空间。宁波地处浙东沿海,历史上,舟山群岛是著名海产地,盛产鱼胶;宁绍平原主产稻谷,耕牛遍野;四明山区则出产竹木,骨木镶嵌必不可少的鱼胶、牛骨、木竹价格低廉,随手可得。这些都为骨木镶嵌工艺的形成奠定了基础。

明末清初,建筑上大量的木材代替砖石,木雕也逐渐成为建筑的主要装饰。而铜丝锯的应用、红木原料的进口,是促进骨嵌迅速发展的另一个有利条件。

直到清乾隆中期,宁波骨嵌艺术进入鼎盛时期。至清道光年间(1821—1850),专业的骨嵌艺人已发展到几百余人,出现中大型专业性制作骨嵌的工场。制作工艺水平进一步提高,骨木拼接胶合技艺也相当成熟,博得了"天衣无缝"的赞誉。

1840年鸦片战争后,宁波被辟为五口通商口岸之一,骨嵌精品流向国外,日本和西欧的许多国家纷纷抢购骨嵌花板。至清咸丰年间(1851—1861),舶来品的大量进入,使宁波木器骨嵌业遭受重创。民国时期,骨嵌技艺到了日暮途穷的境地,新中国成立后,请回嵌镶老艺人恢复和试制骨嵌产品,1963年宁波工艺美术厂成立,开始设计试制红木骨嵌家具,形成批量生产,技艺水平也有新的提高,发展了高平结合嵌、化学料填充嵌等新技法,优秀作品不断涌现。

而甘金云,正是新中国成立后第一批接触骨木镶嵌的人。这是一种缘分,更是一种责任。

夏日的午后,阳光肆虐,慈城古镇却一如既往地宁静安逸,仿佛时光和寒暑都不能打搅它一分一毫。

甘金云的工作室就在慈城古镇的小巷中,推开一扇木门,入眼便是古色古香的小院子。而其中一个不起眼的房间里,摆着他狭小的工作台,上面堆满了各式工具,还有尚未完工的《茶韵》台屏。

"你猜这幅台屏中一共有多少人?"

细细端详这块台屏,长约1米,宽约60厘米,可就在这样有限的空间里居然容纳了119人!而且神态、动作各异。再仔细一看,上面更是完整地描绘了中国采茶、制茶、卖茶的全过程:有人在高山上采茶,然后用人工挑、牛背装、马车拉,到炒茶、开茶馆、品茶,以及运茶、贩茶的整个经过。这不仅仅是一块台屏,更容纳了整个世界……

甘金云说,从画图纸开始,经过一系列工序,用黄杨木、牛骨等镶嵌的这件作品需要耗时4个月才能完工。

制作一幅骨木镶嵌作品,究竟需要多少道工序呢?

第一步是准备工作:设计好图纸,将想要镶嵌的图案画出来。准备好木头器物,多为用红木、黄杨木、紫檀木等名贵木材打造的器物。还要准备好镶嵌的材料,多为牛骨和贝壳。再准备好工具，比如钢丝锯等。

第二步是镶嵌图案的切割：将画好的图案切割出来贴在骨贝上，沿线将一个个图案用钢丝锯锯出来，贴到需要镶嵌的木头器物上。

第三步是凿槽，刻出被镶嵌物上的图案：用针沿着贴在器物上的骨贝图案线条，刻画出需要被剔除的部分，用凿子将其挖出。

第四步是胶合：在骨片纹样的底面上和起好槽底的木板槽内遍涂烘热的鱼胶，将骨片纹样对准原槽，再用木柱轻轻把骨片纹样敲进槽内，使其紧实，做到"天衣无缝"。

第五步，在镶嵌完成的骨贝上，用刻刀刻画出树叶、翅膀、眼睛等小细节。

经过这5个步骤，一件骨木镶嵌作品才算大致完成。

这只是大致的5个步骤，其中更有几十道细致的程序，光牛骨的准备工作，就需要将近10道流程，花上大半年时间。

宁波泥金彩漆

国家级非物质文化遗产代表性项目
2011（第三批）

传承人

黄才良

男,宁波宁海人,生于1957年,宁波东方艺术品有限公司总经理,一生致力于泥金彩漆和清刀木雕佛像技艺的传承、发展和研究,融绘画、设计、雕刻、髹漆等多种技艺于一身,创作了大量优秀作品,并以口传手授方式培养了王琼、胡亮亮等泥金彩漆工艺技术传承人。

现为非遗项目"宁波泥金彩漆"国家级代表性传承人。浙曾获江民间文艺最高奖——映山红奖;全国中国民间文艺最高奖——山花奖。

让古老漆器技艺在传承中得到升华

群山环抱,绿水相依。宁海东方艺术博物馆便隐匿于这静谧悠然的山岭间,与十里红妆文化园遥相呼应,相得益彰。在这里逛上一圈,除震撼于馆藏之精美、历史底蕴之厚重外,园林式的建筑风格和布局,同样引人入胜。

在国家级非遗项目"宁波泥金彩漆"实训基地的一隅,阳光透过半开的窗户,斑驳地洒在古朴的地面上。4个女孩正指尖轻舞,妙"刀"生花,眼神专注而热情,仿佛在与古老的非遗技艺深情对话。黄才良缓步上前,手扶老花镜,细细端详,还不时点拨她们怎样提高刀法技艺。与其说是师徒,他们的关系更像是父亲和孩子。这一刻,古老的漆器技艺又一次在传承中得到了升华。

从学徒到非遗传承人,50多年来,黄才良让即将被湮没的宁波传统工艺"三金"之一的泥金彩漆再次回到大众的视野和人们的生活中，让这项国家级非物质文化遗产重现昔日光彩。随之而来的是大众源源不断的赞美和掌声，有对各色泥金彩漆作品的，也有围绕在他身边的。但黄才良对自己的定位，始终都是一个手工艺人，一个专注于做好每一件作品的手工艺人，一个一心希望传承好非遗技艺和文化的手工艺人。

而这一路，黄才良走得相当漫长……

谋生学艺　初露锋芒

距今7000多年的宁波河姆渡文化遗址中，曾出土过一只朱漆碗，揭开了泥金彩漆的历史序幕。这只碗造型古朴，碗外壁涂有天然生漆，表明早在六七千年之前，长江流域的人们已将天然漆用于装饰生活器具的表面。这是目前中国发现最早的漆器，也是世界上发现最早的漆器之一。

泥金彩漆具有鲜明的地域特征，在宁波宁海地区尤为明显。彼时，一支浩浩荡荡的迎亲队伍，一抹喜庆而奢华的红，是关于十里红妆的故事，这既是古代女子一生中最重要的日子，也无不展现着其家底的富足。而泥金彩漆，当属十里红妆中的贵中之奢，其中，长梁提桶是过去女子婚嫁必备之器物。这是因为，女子会在出阁第二年的三月初三回娘家,要把自己亲手做的糕点放于此桶内,送给父母,以谢养育之恩。因此,长梁提桶又称孝敬桶。

而黄才良与泥金彩漆的故事,就要从这里说起。

黄才良出生在宁海城郊的山陈村,是地地道道的宁海人,17岁初中毕业后,就遂父母的意愿拜自己的堂娘舅张学笔为师,学泥金彩漆这门手艺。"自己身子骨比较单薄,干不了什么重活儿。"再加上从小在外婆家受各类艺术耳濡目染,他对美术有着极为浓厚的兴趣。上学时,他还包揽了班级的黑板报,受到了同学和老师的一致赞许。

泥金彩漆对当时的他来说,与传承传统文化无关,就是迫于生计去学的手艺。"当时学手艺完全看市场,市场需要什么就去学什么,譬如漆匠、泥金彩漆、雕花等,根据农村里面结婚时的需要,他们要什么,我们就去做。"

没有固定的场所,全靠流动式学艺,哪户人家有活儿要做,黄才良就和师父一起上门,吃喝拉撒都在那户人家解决。对自己要求甚高的黄才良没让师父失望,初学不久,黄才良便熟练掌握了箍桶、批灰、上底漆、描图、捣漆泥、堆塑、贴金等20多道工艺流程。由于他描图、堆塑能力较强,第一件"作品"问世,便以工艺考究,深受东家好评。

当时的他觉得,只要踏实地学,勤恳地做,心无旁骛,总会有所收获。就这样,两年的学艺时光匆匆而过,黄才良的技艺日渐精进。

"通常,小型作品需要十天半个月,大型作品则需要花上几个月甚至半年。"所以这种技艺,学起来非常不容易,一天除了吃饭睡觉,黄才良就是不停地学和做。不过和当时家里温饱都成问题的苦比起来,这点苦对他来说并不算什么。

　　可惜好景不长,学了不过两年时间,恰好碰上了风俗改革,"十里红妆"的风俗渐渐消失,泥金彩漆自然也失去了市场。因为赚不到钱,许多泥金彩漆匠人纷纷转行,另觅出路。黄才良也不例外,为了生活,他不得不寻找其他谋生手段。这中间的近30年,泥金彩漆这项技艺,基本无人问津,几近失传。黄才良也转行做起了清刀木雕——一种迥然不同的技艺,完全摒弃了色彩与雕饰,回归自然之形。但哪怕在那段时间,他也从未放弃泥金彩漆,每当不经意间接触到或听别人谈论起泥金彩漆的作品时,一股强烈的念头总是萦绕在他脑海。

重拾技艺　大放异彩

　　"黄师傅,泥金彩漆你还会做勿啦?"
　　"做会做啊,现在人家闺女出嫁又勿做泥金彩漆的,你有什么用啦?"
　　"泥金彩漆现在是非物质文化遗产了,我们要好好保护起来,打听到宁海的你最精通这门手艺,就打算请你'出山'。"

2002年的一天,宁海县文广局的工作人员突然造访,对缘由还浑然不知的黄才良,绝想不到自己将迎来人生中的重要转折点。

手艺这东西,只要你勤勤恳恳花心思做过,就不太会忘掉。不过,30年的光阴,还是让黄才良对年少时学艺的细节渐渐模糊。而申报非遗项目,需要提供实物,因此申报过程可以说是相当复杂而又坎坷。

为此,黄才良不惜花重金,下血本。从2004年开始,他就从自己经营的宁波东方艺术品有限公司拿出一部分资金,去收购市面上还留存的泥金彩漆老器具、老物件,无论品相好坏,黄才良都将它们悉数买回,为的就是做出最正宗的泥金彩漆,将老祖宗的手艺原汁原味地还原。

他还遍寻专门的箍桶人,寻着以后,请他们把桶箍起来,漆起来,再把泥和配方中包括工具在内的每样东西都一一寻来。"光是那个油,煎起来就需要很长时间,以前完全是凭经验,看烟起到什么程度,估摸着油就煎好了,现在有温度表就方便多了。生漆与油的配比和配方也要重新调试,但对我来说并不陌生。"

就这样,黄才良一边回忆一边熟悉,慢慢找回了30年前那种"最初的感觉"。当初申报时,他并没有抱太大希望。一直到2007年"泥金彩漆"被列入省级非物质文化遗产名录,他恍惚过后才有了真实感,而这时大家才都重视起来了。在此之前,他已默默坚持了数年,做出了一批泥金彩漆作品,并带着它们去各地参加了非遗展览、文博会。在他的努力下,越来越多人了解到这种手工艺品,市场也逐步打开。

当时,一些上了年岁的老太太看到以后,瞬间被勾起了回忆,就好奇地问黄才良:"我结婚那会儿用的就是这种嫁妆,你们现在还在做啊?"

"这几年慢慢又开始做了,和老底子的一模一样的。"

"我孙女马上要结婚了,到时候我要定一套送她。"

很快,泥金彩漆作品大放异彩,受到了各方的好评,大家都把目光聚焦到这个物件上来,黄才良也嗅到了商机。

泥金彩漆被列入省级非物质文化遗产保护项目后,黄才良的宁波东方艺术品有限公司也成了浙江省非物质文化遗产传承基地和宁波市文化产业示范基地。2011年,泥金彩漆又被列入国家级非物质文化遗产名录。这无疑让黄才良更加坚定了将泥金彩漆这门技艺发扬光大的选择。

有市场,非遗才能真正有生命力。泥金彩漆项目的传承正证明了这一点。这几年,泥金彩漆的需求更趋火爆,已经从之前的礼品市场、收藏市场逐步拓展到婚嫁市场,

使得优秀的古老技艺走出尘封的历史大门,重新恢复了往日的夺目光辉。如今,传统非遗走入寻常百姓家,产品年产值达到数百万元,真正实现了经济效益与社会价值的有机统一。

传承漫漫　言传身教

入选非遗项目名录,这对泥金彩漆的保护来说是件好事。但前所未有的压力也随之而来,保护好了之后,该如何传承下去？传承人在哪里？又该怎么培养他们？这对当时已年逾五旬的黄才良来说显得尤为迫切。因此,对于慕名来求学的大学生,他敞开了大门。然而,前来学艺的人不少,真正愿意把"工匠"作为终身职业的学员几乎没有。

2007年,在老朋友胡伟华的建议下,他找到了宁海第一职业中学,合作创办了泥金彩漆工艺研修班,招收职高学生学习传统工艺。他与学校老师一起编写教材,并亲自授课。刚开始,效果不错,一个班50多个学生,最后发现10多个好苗子,很多都是女孩子,但结果却不尽如人意。

"有些学生对泥金彩漆有兴趣,但有不少家长反对,他们都希望自家孩子读大学去。"2009年那一届的学生是最有天赋的,个个都学得相当快,可惜最后落得个竹篮打水一场空。

尽管遭遇挫折,黄才良并没有心灰意冷,而是重整旗鼓,为传承又寻了一条出路:他想到了贫困地区的孩子,如果带他们来宁海学做泥金彩漆,不仅这边生活条件好,而且自己会出钱补贴他们,最重要的是他们还能学一门手艺,想想都是一举多得的好事。

于是几年后,他联系到了青海省煌中职业技术学校,招到了10个美术功底不错的学生,带回宁海进行专门培养。不仅每个月有实习工资,而且学艺3年之后,可以直接留在宁海的厂里工作,薪资绝对有保障。原以为,提供了这样的条件,总能培养出几个人才,可惜,结果还是空欢喜一场。学了半年以后,学生们纷纷回家乡过年,没想到,过完年一个都没回来。"有的孩子说,吃住不习惯。还有几个女孩子在老家结了婚,不来了。"

接二连三的挫折,依旧没有阻止黄才良再次寻找新的突破口:通过"3+2"定向培养的方式,在职业中学筛选出好苗子,在高一学习泥金彩漆的相关理论与基础知识,高二则细分专业,让他们主攻人物、风景等不同风格的作品,然后照常参加高考,大学实习或毕业后让有意向从事这门技艺的学生回到基地签约就业,进一步培养成非遗传承人。

如今,这个泥金彩漆实训基地已培育了成百上千的学生,成了他们致富的摇篮。他们中的一部分从这里学艺出去,最终又回到了这个地方就业。

这座园林式的博物馆,园林与展馆融为一体,做到了馆中有园,园中有馆。它少了些棱角和严肃,多了些亲切与柔和。更令人意外的是,这座博物馆是黄才良自掏腰包所建,也是他亲自操刀设计。

熟悉黄才良的人都知道,做任何事他都喜欢亲自上手。显然,在非遗传承这件大事上,黄才良同样深思熟虑,亲力亲为。

"我在教他们的时候是非常认真的,手把手教。前几年,学生流行使用微信,我让他们都把我加上,方便及时沟通问题,微信这软件我用得挺好用的。"

几年前上第一节课的时候,学生给黄才良发微信,称他"师傅"。

但黄才良当时的脸色就瞬间沉了下来,他对学生说,你们要么叫我老师,要么叫我师父,而不是那个师傅。"你跟我学手艺,我就是你的衣食父母,再说我是你的长辈,怎么能称我为'师傅'呢?"黄才良对这个称呼绝不含糊,再一次强调了这"一字之差"所包含的意义。

"我不仅教他们手艺,还教他们学做人。"

这么多年来,黄才良一直保留着最原始和传统的技法,并将这些教授给学生,没有做过多的延展和创新。因为在他看来,这是老祖宗们的智慧和财富,创新是要的,但需一步步慢慢来,不能丢了根本的东西。

有人说纯手工制作速度太慢了,产量跟不上,建议用模具。但黄才良不以为然,严词拒绝。"宁可慢,也不可粗制滥造。"追求极致,这是黄才良给自己定的标准,泥金彩漆有 20 多道手工工序,制作一件成品可能需要一个月甚至更久,如今黄才良一年不过三五个作品,但件件考究,精美绝伦。

"创新"可以体现在许多方面,但唯独粗制滥造是绝对不可以的。黄才良始终坚持这一点,也同样要求他的徒弟们。而泥金彩漆的梦想,就在这一份坚持中,获得了延续。

越窑青瓷烧制技艺

国家级非物质文化遗产代表性项目
2011（第三批）

施珍 传承人

女，宁波余姚人，生于1972年。景德镇陶瓷学院美术系陶瓷设计专业毕业。

现为非遗项目"越窑青瓷烧制技艺"省级代表性传承人，高级工艺美术师、浙江省工艺美术大师。慈溪市上越陶艺研究所所长。第六批浙江省宣传文化系统"五个一批"人才。2016年4月，作品《牡丹玉壶春瓶》荣获第六届中国(浙江)工艺美术精品博览会金奖。

火中取莲，复活青瓷秘色

上林湖畔，1000多个日日夜夜。当尚有余温的窑炉打开，青碧色的釉面，晶莹润泽，就如同上林湖的湖水一般，清澈碧绿。等候了许久的施珍几乎脱力："秘色釉，终于复活了！"

"烧制了千年，又消逝了千年。"这句话，说的就是代表着青瓷最高艺术水准的越窑。东汉时，中国最早的标准意义上的瓷器在越窑烧制成功，越窑青瓷因此也被称为"母亲瓷"。然而，到了北宋末年，烧制了1000多年的越窑火焰熄灭，在中国五大名窑里，再也看不见"越窑"的名字。

秘色瓷，是越窑青瓷精品之一。它从出生之日起，就是进贡朝廷的一种特制的瓷器精品。其制作工艺秘而不宣，所以得名"秘色"。自唐至五代，无数上乘的"秘色瓷"从越窑中产出，却也在一夜之间，消失了踪迹。从此，"秘色"一词，仅仅存在于古人只言片语的诗文之中。

来自童年的初心

施珍的家,位于余姚,而外婆家在慈溪。小时候,每到放假,她都会去上林湖畔的外婆家玩。她孩童时代的玩具与大部分同龄人的不同,湖边清凉的碎瓷片,伴随久久的凝视,成为她一时的"心头好",也变成了一颗种子,慢慢开始发芽。

但施珍与瓷器的缘分,也许早已注定。毕竟,她成长在一个几乎可以称为"瓷器世家"的家族中。她的三爷爷施于人,是中国现代陶艺教育理论家、景德镇陶瓷艺术学院的创始人之一。作为硕士生导师,施于人曾培养出许多陶艺人才。他独创了青花"锦施蓝",而创作的古彩作品《富贵团圆》更被故宫博物院永久珍藏。面对小孙女对瓷器天生的兴趣,他开始教她画画,教她分辨陶瓷的优劣,在施珍幼时稚嫩的心里播下了艺术的种子。

1987年,一场暴雨浇开了西安法门寺地宫深藏的秘密。考古人员发现了无数珍宝,其中,13件秘色瓷,如一汪碧水静静地流淌。这成为世界上发现有碑文记载证实的最早、最精美的宫廷瓷器。而瓷器底部那小小"上林湖供"的字样,点亮了上林湖沉寂千年的越窑,也点亮了秘色瓷复活的希望。

到底什么是秘色瓷?在法门寺地宫开启前,这一直是个千古之谜。人们只能从唐代诗人陆龟蒙的诗句"九秋风露越窑开,夺得千峰翠色来"中想象。

那一年,施珍15岁,对于秘色究竟是一种什么颜色,她的心中远没有答案。但法门寺地宫的开启,重造秘色瓷的使命,却静悄悄地,又一次回到了上林湖畔。

第二年,16岁的施珍终于下定了决心,她决心跟随已在心中生根发芽的陶瓷梦去浪迹天涯。在无数次央求三爷爷后,她终于跟随着施于人,来到了景德镇学习陶瓷艺术,并在几年后,考入了景德镇陶瓷艺术学院美术系陶瓷设计专业。

究竟未来会怎么样,那时的施珍远没有设想,跟随童年的初心,是她当时唯一的想法。

究竟什么才是好的瓷器

1997年,施珍作为优秀学生代表来到韩国首尔产业大学继续研习陶艺,她也成为中国第一个陶瓷美术领域的交换生。而她当时的老师,是韩国一流的陶艺教授韩枫林,也就是著名的"手拉手"雕塑作品的作者,这件作品如今被永久陈列在韩国奥林匹克雕塑公园里。

初到韩国的施珍,面临的最大问题是完全陌生的语言,施珍不得不一边学习韩语,一边研习艺术。令人遗憾

的是,没有什么语言天赋的她,在韩语方面进展缓慢。所幸,韩枫林没有过多地教导施珍那些难懂的理论知识,而是手把手地教她如何踩泥、揉泥、拉坯、利坯、烧窑。也是在韩枫林的帮助下,施珍来到了韩国最负盛名的陶艺画廊勤工俭学。在那里,她认识了许多活跃在韩国陶艺界的艺术家,汲取不同艺术养分的同时,也拓宽了视野。

韩国虽然是中国的邻国,但近现代陶艺风格却受西方影响更大,更为注重个性和自由。有一天,施珍打算烧制一个杯子,却在拉坯时不小心走了神,当回过神来,泥坯上已经留下了不规则的边缘。这时,韩枫林刚好过来检查她日常的练习。冷汗一下子涌上了后脑勺,施珍用还不熟练的韩语战战兢兢地说:"拉坏了,重做。"

令她全然没有想到的是,韩枫林却突然发出了赞叹:"不规则也是一种美,拙味纯真,这是一种率性之美。因为'拙味'留下手的痕迹,才使得这件作品有了区别于其他陶瓷的鲜活灵动的生命,让它显得不再呆板。"说完,他鼓励施珍把这件作品烧制出来,留作纪念。

这件事让施珍灵犀之间有所触动,细想后豁然开朗:瓷器中的"冰裂纹"是因为在烧制过程中的独特开裂,才展示出无限的自然美。而所谓跳刀工艺,也是因为手发抖,无意间创造出了跳刀纹,才发展成为一项工艺。她不禁发散开去:上林湖畔的秘色瓷,是不是就是因为在烧制过程中产生了窑变,才出现了意想不到的美呢?

从此,施珍开始留意起游离于循规蹈矩之外,不经意间流泻下来的美。"究竟什么才是好的瓷器"成为她不断探索的问题,在传承传统工艺和发挥自由灵性之间,寻找着微妙的平衡。

未来的路,就是复活秘色瓷

2000年,施珍学成归国,回到了宁波慈溪,并在第二年成立了上越陶艺有限公司。在陶艺路上走了23年,虽然学院派的扎实功底让施珍的作品小有名气,但未来的路怎么走,她依然迷茫。

几年的徘徊,施珍既没有在市场上获得太多财富,在技艺上也没有突破自己的瓶颈,但她的努力,却被大师们看在眼里:她成为中国工艺美术大师、浙江青瓷协会会长徐朝兴唯一的女弟子。

一天,施珍来到龙泉,向师父徐朝兴询问自己未来的方向。徐朝兴没有直接回答,而是让她看了自己最新的哥窑作品。

哥窑瓷器因碎裂纹闻名,难也就难在这曾经失传的碎裂纹。这种纹又称开片,是烧制工艺处理不当,致使胎釉膨胀系数相差过大而产生的裂纹,却被南宋烧制哥窑的工匠

巧妙地利用这种自然缺陷作为装饰瓷器的一种特殊手段，创造出了各具特色的冰裂纹、鱼子纹、牛毛纹、流水纹等，这种技术难度非常大，后人多次尝试复原均以失败告终。徐朝兴累积多年经验，在尝试了几百个配方之后，终于成功烧制出和故宫收藏的传世哥瓷别无二致的龙泉哥瓷，他也因此盛名远扬，成为当之无愧的当代哥瓷泰斗。

看着徐朝兴的作品，施珍立刻理解了师父无声的作答：师父是希望她能够传承这些古老的失传技艺。而对于她来说，复活和发扬家乡的越窑青瓷自然成了自己当仁不让的责任。但越窑青瓷的精品之所以被称为秘色瓷，主要是因为烧制技术难度极高，青瓷的釉色如何、神秘的釉料配方、窑炉的火候把握……凡此种种，早已湮灭于历史。在一片空白的历史中，要使釉色青翠、匀净，并能稳定地烧出同样的釉色，上青天的难度也不过如此。

但施珍想试一试，哪怕一千窑下去没有一朵莲花，她也想在泥巴堆中为秘色的复活，推进哪怕一小步。当时她的心里也只剩下一个坚定的信念：我未来的路，就是复活越窑青瓷。

越窑秘色，终于重现人间

上林湖畔，一间阴暗潮湿的简陋厂房内，施珍开始一次次地烧窑和制窑练习,采土、淘洗、成形、修坯、涂釉、烧制等10多道工序一气呵成。施珍的脑中,存储有上千种方案,她需要一个个尝试,她相信,总能找到破解"秘色"的密码。

但瓷器,毕竟是火的艺术,在1300摄氏度的高温下,每一次烧制过程中哪怕有一丁点细微的差别,都会产生截然不同的效果。也因为烧瓷的不确定性,在某种意义上,复活一种釉色,往往比创造一种新的釉色更加艰难。她已经记不清自己烧过多少窑,有过多少次失败,但每逢开窑

的日子,她还是满怀着激动与期待,小心翼翼地打开窑门,虚心接受着瓷坯在火中产生的蝶变。起初,她就这样没日没夜地烧着,精心地把装好瓷坯的匣钵搬到窑膛,然而,等到打开窑门的时候她却哭了:所有瓷坯都做坏了,成品率为零。

看着施珍心力交瘁的样子,丈夫很是心疼:"不要再做了,做点别的事,即使什么都不做,我也养得起你。"

但难过之后,她依旧倔强地重复着,增添或者删减,改动着工序和材料。坚守越窑,就像守着一颗焦灼的心,虽然技术精进后,窑外有仪器表,窑内有探测锥,两者都能测量出温度,但都不是最精准的办法,最好的办法还是靠目测。每一炉开窑,她都会对照法门寺地宫出土的秘色瓷的颜色,以及从上林湖边挑选出的碎瓷片,用眼睛和心灵感悟相似和不同之处,然后再思考工艺流程的改进。

终于,1000多个日日夜夜过去,青碧色的釉面,晶莹润泽的《上林随想》出现在了窑炉,施珍许久没有流泪的眼睛再一次湿润。

坚守着越窑,在创新中传承

"古窑薪传,青瓷增辉"是施珍用过很长时间的微信个性签名。

她常在烧窑时一边观察,一边领悟,耳畔也时时回荡着施于人的谆谆教诲:"若不知古,无法传承;若只守古,将与时代脱轨。"她一直记着这句话。

牡丹笔洗的金丝铁线,是她师从徐朝兴的借鉴。

独创的新生代锦施蓝作品,将陶瓷的粉彩、古彩、青花等绘画技艺,与现代的几何图案结合,融入日韩陶艺风格,形成特有的艺术魅力,是她对施于人的传承和创新。

最让人称道的是她独创的立体填釉技艺,根据在韩国的求学经验,她在高丽青瓷平面填釉的基础上,创造出独特的立体填釉法,又辅以阴刻和阳雕,让古老的越窑青瓷焕发出全新的光彩,而她也借此拿到了浙江工艺美术的最高奖。

越窑青瓷一度失去了传承,施珍不希望这种情况再次发生,如今,她招收了不少徒弟,手把手地教他们制瓷,一如当年几位师父教她的那样。

但不得不承认的是,如今除了在专业领域掀起些许波澜,普通人对于越窑青瓷的认识和了解确实贫乏,甚至大多数宁波人都不太知晓这个家门口的祖先级窑系。

曲高和寡,难以普及大众。除了创造精美的"大作",如今的施珍开始努力让青瓷走进寻常百姓家,让更多的人接触到它。

施珍说,其实越窑青瓷最初偏重经济实用,到唐代盛世时,哪怕已经精美到风靡上流社会,亦有杯、碗等日常用品大量流行,而她,也时常烧制这些小工艺品和日常用品,作为赠礼和礼品销售。

她还把慈溪市第二实验小学作为越窑青瓷的培育基地。在这里,施珍让孩子们体验拉坯。在孩子们看来,这或许更像是玩泥巴。但陶瓷恰恰就是这样一种神奇的器物,既可以是孩童无心的玩捏,也可以是穷尽一生的课题。

经由在上林湖畔的长期生活体验和摸索,施珍对"秘色"已有自己的领悟,但她觉得,她和其他越窑青瓷的传承者,还会发现更多,创造更多。

古人是浪漫的,他们把瓷器最早呈现给我们的颜色称为"青色"。这种介于绿、黄、蓝之间的颜色,被他们认为是天地融合的象征,而它,恰恰就存在于上林湖。不论春夏秋冬,湖水的颜色永碧。而在湖畔,尽管有了1000多年的空白,但不论汉唐,还是如今,"巧剜明月染春水,轻旋薄冰盛绿云"的青瓷,却始终展现着它薄冰美人的身姿,获得新的传承。

宁波金银彩绣

国家级非物质文化遗产代表性项目
2011（第三批）

传承人

张丽娟

女，宁波江北区洪塘街道慈江村人，生于1955年。20世纪70年代，宁波本地绣花厂蓬勃发展，培育了大批绣娘，张丽娟就是其中之一。17岁时张丽娟进入宁波绣品厂下的社办厂工作，跟随师父学习刺绣技艺。1979年，学习刺绣日本和服、腰带等服饰；1989年至今，在家自由加工刺绣产品。

现为非遗项目"宁波金银彩绣"传承人。

裁云剪月，妙笔神针

这是一个悠闲的早晨，在宁波市江北区洪塘街道上沈村一户人家的二楼阳台上，一位身量瘦小的老太太正坐在绣架边上，眯着眼，将一根金线竖着剖成四根。她的老年生活富有诗意，一有闲暇，就会埋头在绣架前，醉心于鸣鸟花草、福禄寿喜。随手拈来的传统或创新花样，伴她度过了无数个悠闲的清晨和午后。

她叫张丽娟，是非遗项目"宁波金银彩绣"的传承人。

小小技艺　万里挑一

宁波的工艺美术史，不得不提的有四样东西：朱金木雕、泥金彩漆、金银彩绣和骨木镶嵌，也就是俗称的"三金一嵌"。其中金银彩绣的代表作《百鹤朝阳》，在 1990 年第八届中国工艺美术百花奖中获得了金杯（珍品)奖。

"斟古酌今,裁云剪月,奇花异草,妙笔神针。"这是著名学者赵朴初对金银彩绣的赞誉,也让很多人知道了宁波有这么一门精妙的技艺。

"《百鹤朝阳》当时集合了宁波绣品厂的全厂之力,现在再要绣出这种作品是不可能了。"谈起这件"巨作",参与者之一的张丽娟徐徐地诉说着,眼中既有回忆的温情,也有感慨的怅然。

金银彩绣作为独立的作品,今确切可见的实物始于唐代。从唐时起,宁波就有"家家织席,户户刺绣"的传统,到了20世纪70年代左右,宁波本地绣纺织品公司(绣花厂)蓬勃发展,培育了大批绣娘,张丽娟就是其中之一。

在20世纪70年代,宁波的绣娘有着一套严格的"层级制度"。当时,几乎每个村都有自己的绣品厂,而由村推荐到乡镇,再由各乡镇推荐到市,最后能进入宁波市绣品厂工作的,可以说是万里挑一。

当时17岁的张丽娟,就来到了上沈村的绣品厂毛遂自荐。她的母亲会一些简单的裁缝活计,而她也经常帮家里绣绣鞋子、补补衣服,一来二去,她对针绣产生了天然的喜爱。但想要当上绣娘可不容易,她面临不小的考验:

来到这里的小姑娘们,各个身怀绝技,张丽娟虽然掌握了一手熟练的针线活,在人群中却也显得暗淡起来。几天后，厂里就会对报名的姑娘们进行一次测试，检验她们的基本功。张丽娟第一次对自己的手艺产生了怀疑：要是绣得不好怎么办，厂里会不会不要我？

这种担忧在后来的几天里一直缠绕着她，她开始日夜不息地苦练针线的基本功，从取线、穿针，到入布缝补，每一道看似简单的工序，她都不厌其烦地反复练习。在一遍又一遍看似机械的穿针引线中，第一次握针时的紧张、最初爱上针绣时的悸动、补坏一件衣服时的伤感和精细地缝补过后获得母亲赞扬时的欣喜等情绪，一次又一次在她心中浮现，"一定要进入绣品厂"的决心更加坚定。

几天后，当她来到厂里，展露了一把自己的针线手艺后，当时的厂长顿时眼前一亮：这是一个值得培养的好苗子啊！不再多想，他立刻把张丽娟破格推荐到了市绣品厂。

来到绣品厂后，张丽娟又遇到了新的问题：金银彩绣毕竟不是日常的缝缝补补，越是优秀的金银彩绣作品，刺绣所用的线就越是细长，往往一根金线要分成四分之一或者八分之一进行创作，十分考验绣娘的眼力和耐性。当时，很多同样具有天赋的姑娘觉得绣花工作过于枯燥，眼睛消耗过于厉害，于是中途放弃了。

既然已经下定了决心，就应当把这一生奉献给它。张丽娟并没有选择离开，冥冥中，她似乎就是为了刺绣而生，出于这份热爱，她非但没有放弃，反而上班学习，下班加点，仅仅用20天的时间，就学会了其他人要学一个半月左右的基本技艺。

一针一线，在众多的手工技艺中，刺绣的技艺是最不起眼的，但作品却往往举世瞩目。鉴真和尚东渡日本之时，从宁波阿育王寺带去金银彩绣的千手佛，至今仍被日本奉作国宝。宁波金银彩绣的历史地位和工艺水平可见一斑。但张丽娟的记忆中，这项技艺却是越来越少有人学，对它情有独钟的更是凤毛麟角。岁月冲去了无数轻浮着的人间事物，不用心、不爱惜或是不珍重的，往往都会化作梦幻泡影。张丽娟从懵懂少女一直绣到了子孙绕膝、霜染鬓发，岁月更迭，人事易分，随着各地纺织品厂的人去楼空，昔日同屋共事的姐妹们也各自分散。到了现在，本就已是万里挑一的专业绣娘，在整个宁波已经凤毛麟角。

张丽娟在刺绣时时常说起："鄞州区还有四五个姐妹在做，江北区就剩我这样一个种了。"

手眼合一　心耳相闻

布、针、线,单从工具材料上看,刺绣实在是一门"简单"的艺术,但在4000多年的刺绣史中,"蜀绣""苏绣""宁绣"等技艺争奇斗艳,又在默默诉说着这门手艺的花样繁多。

"绣出来的东西,看上去摸上去要好像画出来一样。"这是张丽娟对金银彩绣一以贯之的基本认知。

彩绣作品的主要绣制特征,在于它充分运用了"盘金""填金""包金"以及"隐花"和"胖绣"等绣法。依白描线条走向,以金银线绣上,并以此形成空心图案,或者是依白描线条走向,将金银线填入空白处,直至将其填满,以此构成实心图案。人们最容易看见细长的金银线,其实金银彩绣的材料还包括丝线、真丝底料、棉花和纱布等。

"相比于粤绣中潮绣大范围浮雕式的垫高,宁波金银彩绣的'盘'和'填'的运用是局部而又画龙点睛式的。"在这种手法之下,图案有了起伏和不同角度色彩的光泽变化,大大丰富了金银彩绣的表现力和装饰性。诗圣杜甫曾有诗曰:"绣罗衣裳照暮春,蹙金孔雀银麒麟。"温庭筠也曾吟诵:"凤凰相对盘金缕,牡丹一夜经微雨。"说的,都是闻名遐迩的金银彩绣。

1989年,在学习和从事金银彩绣10多年后,宁波绣品厂中传出了"要集全厂之力绣一件大作品"的消息:当时,宁波绣品厂设计研究所所长许谨伦已经开始设计大型金银彩绣立屏作品《百鹤朝阳》,目标直指第二年的中国工艺美术百花奖。

全厂的绣工不论男女,一夜之间开始进入了集体的激

动和亢奋之中。虽然说是"集全厂之力",但不是所有绣工都有机会参与制作。张丽娟当时的心声是:哪怕让我只绣其中一只鹤也好!

但在全厂绣工都上交了自己绣制的"样品"后,张丽娟的心愿却落空了,为了保证"百鹤"们风格和绣工水准的统一,作品的主角——鹤们只能交由两到三名绣工绣制,而当时的她并没有入选。看到这一结果,她几乎落下了眼泪,连续几天都没有睡好,常常半夜醒来,眼眶湿润:"哪怕绣再多的作品,要是没有参与到这样一件作品中,都将成为一辈子的遗憾。"

幸运的是,她最终参与到了作品的绣制中。在第二次遴选中,因为基本功扎实、绣法细致,张丽娟被挑选为绣制作品背景的几个绣工之一。"红花配绿叶,才能相得益彰。"得知这一消息的她,终于睡上了几天来第一个安稳觉。在那几个月里,她几乎把自己全身心地融入潺潺溪涧,和"鹤鸣于九皋,声闻于野"的意境中。最后,作品完成,人们虽然第一时间会把目光对准那一只只翱翔于天际的振翅白鹤上,但隐匿于后的精美背景也融合着一股无穷的力量和张丽娟等绣工的心意,传达到了每一个观赏者的心中。

如今,张丽娟的刺绣速度,已经不及以前的一半,她常常会默默地叹气:"刺绣最看重的是四点:手、眼、心、耳。"

而如今，她的手和眼已不如年轻时那般灵巧，曾经细如最小号的 12 号针，配上分成八分之一根线粗的金线，在她的手中，翻飞起舞，如蝴蝶穿花，长江浩渺，泰山巍峨，都能从她的一针一线中展露身姿。"现在已经做不出来了，毕竟眼睛看不清，手也不灵活了。"有无奈，更多的，是不甘。

"但我的耳朵还算好用，一根针掉在地上，不用看，我就知道掉在哪里了。"张丽娟这样"谦虚"地表达着她的不服输，"心境也保持得不错，没有别的琐事。"在针线的世界中，花鸟蝉鸣，犹在耳畔，从 17 岁开始，到 62 岁，张丽娟在这个奇妙的世界中遨游着天际。

传承不易　幸有所归

直到 21 世纪前后，金银彩绣都存在于我们生活的点滴细节中，衣服、屏风、棉被套……也许在当时一位靓丽时尚的女性身上，从头到脚都能发现它的踪迹。

人们常说"盛极而衰"，金银彩绣从最繁盛走向衰落，只用了不到 30 年的时间。如今，市场上对金银彩绣的需求已不同往昔，喜爱并愿意从事金银彩绣工作的人也变得屈指可数。张丽娟也曾有过一位学生，但学了几个月，慢慢地，就不再往她家跑了。"毕竟学了这个，也不一定能养家糊口。可惜了，天赋是不错的。"她的言语中，有理解，更多的是惋惜。

虽然市场几乎没有了需求,但因为对金银彩绣的热爱,张丽娟还是在自家阳台搭起了一个绣架,她的身体不好,患有慢性肾炎,病痛不时折磨着她。但每当她觉得烦恼的时候,手一握上绣针,就似乎融入了彩绣的世界中,玄歌浪蹈,幻中道真,太游方外睨红尘,精神得到了分外的满足。

但最令她欣喜的,是她的小孙女对金银彩绣显现出了浓厚的兴趣,每次她在刺绣,小孙女总会在一旁观摩,渐渐地,也能上手刺绣一些简单的针法了,这似乎让她看见了年轻时候的自己,也看见了金银彩绣的未来。

"因为我很喜欢自己的孙女,我就想自己做一点,传一些给她。虽然她现在还不会做,但传一点是传一点,她会学最好学过去,不会学嘛我也做点出来好留给她看看。"

"我不喜欢讲什么'工匠精神',更不会说'执着''文化'这些词,因为我从来没有想过,我觉得手艺就是手艺,喜欢就是喜欢。"

就是出于这种喜欢,张丽娟多次在江北区文化馆组织集体授课。"金银彩绣不能在我这一代就失传了。"她相信,只要是美的东西,就会有人愿意去欣赏和继承。

终于,宁波金银彩绣这项濒临失传却具有相当工艺含量和文化附加价值的非物质文化遗产,在宁波市政府几年来的保护和传承推广下,在2011年6月9日经国务院批准列入第三批国家级非物质文化遗产名录。

而在未来,相信仍会有新的金银彩绣传承者,继续心如止水,用眼、手、耳,一针一线,用金银彩绣,绘出一片片绿水青山和一个个传奇故事。

象山竹根雕

国家级非物质文化遗产代表性项目
2021（第五批）

传承人

张德和

男，宁波象山县西周镇人，生于1955年。中国竹工艺大师、中国根艺美术大师、中国根艺美术学会理事、中国民间文艺家协会会员、浙江省工艺美术大师、浙江省根艺美术学会副主席、浙江省工艺美术行业协会学术委员会副主任、浙江省竹根雕专业委员会主任。

现为非遗项目"象山竹根雕"省级代表性传承人，第八届中国工艺美术大师。

象山竹根雕,从此便有了颜色

2011年11月15日,56岁的象山人张德和带着15件最得意的竹根雕作品,出现在了一省之隔的江苏省常熟市。当天,2011—2013年度"中国民间文化艺术之乡"命名的颁牌仪式正在举行,张德和的这些竹根雕作品,也正式开始在象山展区展示。

那一年,经文化部评审通过,宁波象山被命名为2011—2013年度"中国民间文化艺术之乡",成为当时宁波市唯一一个被命名的县(市、区)。张德和几经落泪,从1996年象山因远近闻名的竹根雕被命名为"中国民间艺术(竹根雕)之乡"开始,这门一度濒临失传的工艺美术,几经沉浮,终于又一次站上了民间文化艺术的最高舞台。

从无到有的"中国民间艺术(竹根雕)之乡"

张德和出生在象山西周蒙顶山的一个

农民家庭,初中刚毕业,家中的顶梁柱父亲就病倒了。矮小瘦弱的张德和不得已去学了油漆技艺,也凭借着一技之长开始跟着师父走村穿乡养家糊口。

就在这一年年忙碌的"油漆生涯"中,他却见缝插针地利用一切空闲时间,自学起了绘画、雕刻等技艺,对于当时的张德和来说,"技多不压身"是他全部的动力,也确实成为他未来一鸣惊人的关键。

1978年,改革开放的春风吹到了象山:私人可以兴办工厂了。张德和就想利用自己的特长与天分干出一番事业来。

但是办个什么厂呢?

地处浙东沿海的象山,竹海漫山遍野,每到秋冬季节,山民们修整竹林,总会砍掉竹子拿去卖,然后留下一地的竹根。这些竹根,在当地人眼中,是鸡肋还不如的废料,就连当成柴火烧都嫌麻烦,但张德和却从中看到了商机。

他骑着自行车来到了宁波城中的工艺美术厂,看到了许多很受国际市场欢迎的竹根雕出口商品,不禁想道:竹根雕是一门历史悠久的民间艺术,以前在浙东也兴盛一时,不如,就在家乡办一家竹根雕美术厂?

但从没做过竹根雕,生产出怎么样的竹根雕商品才卖得出去呢?经过多方询问,他打听到上海外贸公司有个老师傅对竹根雕产品十分精通,于是在一个寒冷的夜晚,他摸黑找到了这位老师傅的家。看着这个素昧平生的乡村青年渴求的目光,老师傅不忍拒绝,于是带着张德和来到一个堆放外贸产品的仓库,告诉他:"只要你能做出同样的产品,我就帮你打开出口市场。"

于是,带着一个样品,张德和回到了象山,开始完成人生中的第一笔竹根雕订单。

跨越 40 年的时光,在现在的张德和看来,那时通过依样画瓢所制作的竹根雕,无疑是简陋的,但当年的自己,却也已经尽了最大的努力进行精心雕刻。这份努力,也伴随着第一批制作的 100 个竹根雕,被送到了上海外贸公司。公司的老师傅看到后非常满意。创业青年张德和凭着这一笔订单,在当年挣到了 2 万元巨款。

趁热打铁,1983 年,他成立了象山第一家竹根雕厂 —— 象山丹城出口工艺美术厂,并开始扩大生产规模,短短的 5 年时间,在市场发展如火如荼的大背景下,厂里的产品打入了 15 个国家和地区,在国际市场上也开始小有名气。鼎盛时期,这家工艺美术厂拥有 60 多名员工,连年被评为出口创汇先进企业。

在张德和的带动下,几年时间里,象山的竹根雕工艺厂如雨后春笋般一个个冒了出来。而那几年,张德和也开始搞起了竹根雕仿古处理的试验,经过上百次的失败,沸

煮浸渍法被发明出来，竹根雕的生产规模和市场附加值逐渐增大。

到了1996年，象山因为远近闻名的竹根雕而被命名为"中国民间艺术（竹根雕）之乡"。

但那一年的张德和却一点也高兴不起来，因为那时的象山，几乎已经没有了竹根雕工艺美术厂。

痛定思痛下做出的改变

时间回转到20世纪80年代中后期，张德和在研究生产竹根雕商品之余，还研发了一系列竹根雕技艺，"局部施雕法""乱刀法""联体雕法""组合雕法"和"大写意法"等，被行内视为中国竹根雕艺术的一次革命。

到了1991年,他的作品《眷恋》还获得了中国雕塑界和中国根艺美术界最高奖——"刘开渠根艺奖"金奖。就在张德和开始在全国工艺美术界被广为人知的时候,象山竹根雕生产却开始盛极而衰。

因为象山竹根雕产量的不断加大和市场的逐渐饱和,竹根雕工艺厂之间开始了不良竞争,同行争相模仿、互相低价倾轧,伴随而来的,是产品档次低和质量不高等严重问题,整个行业的危机开始爆发。

在整个行业开始走下坡路时,经过无数次的天人交战,张德和关掉了自己的工艺美术厂。他知道,虽然行业危机尚未影响到自己,却也只是时间问题,而这,只是其中一个重要原因。最终促使他做出这个决定的,是在《眷恋》获奖时,中国美术学院教授杨成寅先生所说的一句话:"像你这样的竹根雕创作水平要想再有所突破,恐怕是相当困难的。"

这句话,让他开始了深刻的反思:从开始试制竹根雕,到办工厂组织生产竹根雕产品,他已经"以竹谋生"了十几年。在这十几年里,他的雕刻所追求的,始终是"雕出的东西像与不像"的问题。同时为了出口,什么好卖他就雕什么。他明白:"这样下去,始终只是一个匠人。"

但关掉了工厂之后,未来的路怎么走呢?那时的张德和对自己说:"先雕出一个超越《眷恋》的作品吧。"

于是，人生的转变，就在他痛定思痛下，开始了。竹根雕要想获得突破，就一定要走艺术化的道路。但要把竹根雕从一件商品的"生产"，彻底转变成一个工艺品的"创作"，却比想象中要难上许多。

一天夜里，张德和看着一件刚刚完工的竹根雕，不禁悲从中来：自己始终难以跳出之前的窠臼。他坐在椅子上，久久望着天花板，喃喃自语："难道真的如杨成寅先生所说，我再也雕不出超越《眷恋》的作品了吗？"

那天之后，张德和的情绪整整低落了十几天，在这十几天里，他始终想着一个问题：竹根雕当然可以是一件艺术品，但是到底，什么样的作品才是一件真正好的艺术品？

就在茶饭不思间，他渐渐开悟：艺术品，最怕千人一面、千篇一律，最忌低档次重复，只有提升竹根雕的艺术含量，创造出独属于自己的个性，才会有新的生路，简而言之，就是"另辟蹊径"。

就在这样的想法下，他真正静下心来开始艺术创作，虽然没有了之前办厂时那样每个月稳定的收入，但他的竹根雕创作，却也进入了一个全新的境界。对艺术的追求使他着迷，张德和也获得了从未有过的属于创作者的快乐。

在《眷恋》获奖不到一年的时间里，打破此前桎梏自己周身的想法，每一天都在张德和的脑海中萦绕……终于，作品《人之初》问世了，完全不同的创作理念，让他跳出了此前对竹根进行深加工的固有思维,而是利用错综复杂的根须,活灵活现地展现了一个呼之欲出的猿人形象。稍加刀工,却更具韵味的作品,推翻了杨成寅先生的断语,更让看到这件作品后的杨教授惊叹不已。

渐渐地,"中国竹根雕在浙东,而浙东最好的竹根雕当数张德和的说法",开始流传开来。

总有一座高峰在更远的云端

1999年,张德和来到了法国巴黎,这里正在举办"中国文化周",媒体常用"这是中国与世界的一次握手"来形容那一次活动,而这也是张德和的竹根雕作品第一次

应邀出国展出。

爱好艺术的法国人十分关注他的作品。法国电视台、《费加罗报》《欧洲时报》等数十家海外媒体纷纷作了报道,称张德和竹根雕是"化腐朽为神奇"的东方艺术的杰出代表。一年之后,他再次受邀至法国蒙顿做了竹根雕艺术的专场展演。

从那之后,他的竹根雕作品又多次到欧洲和中国香港、中国台湾等国家和地区展出交流。其中,在台湾宜兰艺术中心展出期间,短短6天的时间,就迎来了1.2万多名参观者,创下了宜兰艺术中心全年单场观展人数之最。

在一次次的出访中,张德和也吸收了所到之处的艺术精华,年近半百,创作却愈加精益求精,勇于创新。

2003年,是他创作大丰收的一年,在这一年里,他获得了6个金奖,其中一个是全国唯一的金奖。在浙江安吉举行的中国竹工艺精品创作大赛中,唯一金奖作品《茅屋·秋风》让人大开眼界。繁茂蓬乱的根须,成了浑然天成的茅屋,秋风将它刮得东倒西歪。而在茅屋之下,几个孩童无助地躲避着肆虐的狂风……作品所包含的精湛技艺和浑厚的文化重量令人动容。

但最令张德和得意的,是这件作品的结构。《茅屋·秋风》是由三件独立的竹根雕组合而成,突破了过去单体、单一和单调的传统面目,正式向可塑性小、局限性

大的竹根雕弱点发起了挑战。但三件独立的作品组合起来，却又浑然天成，完成了茅屋、孩童及远山三个意象的统一，远处的小山可谓点睛之笔，为这一画面增添了空间感和完整性，集精湛的技艺和深厚的文化底蕴为一体，为了完美展现杜甫《茅屋为秋风所破歌》所蕴含的诗意，张德和不惜调动圆雕、浮雕、镂雕、阴刻和乱刀雕等雕刻技法，令作品发出了"安得广厦千万间，大庇天下寒士俱欢颜"的心声。此后，这件作品还获得了中国民间文艺最高奖"山花奖"。

《茅屋·秋风》，正是张德和这段时间不断突破自己的缩影。仰之弥高，钻之弥坚，尽管获得了不少的荣誉，去他工作室里参观的爱好者也常人满为患，但他始终觉得，总有一座高峰还在更远的云端，自己最好的作品，永远还是下一件。

"我觉得自己最成功的地方，可能就是成功后还能保持几分清醒。"张德和这样说。而他最喜欢的，是这样一个故事：国内有位书法家，勤学苦练书法多年，楷、隶、草、篆样样精通，之后又把它们糅合在一起，创造出了一种崭新的风格，但他就是不满足，当达到一定高度后，笔锋一转，又去探索新的领域。有人不解地问："既然新的尝试达到了一定高度，干吗不坚持，老是换来换去呢？"他回答："创新比提高更重要。一种艺术，你搞一生也很难达到顶峰，还不如多探索几条新路,原有的路让别人去走吧。"

这样想着,他也就这样去做了,他开始接触竹根雕之外的其他根雕,但这一步,却远没有那么好走。

有一年,他拿两件根艺作品,一件竹根雕、一件树根雕去参展,结果两件均获得金奖。这时,一位参展的同行走过来,拍拍他的肩膀说:"老兄,你就搞竹根雕吧,树根雕让给我们搞吧。"言下之意,再明白不过。

于是,张德和在之后的近10年时间里"不敢越雷池一步",继续专心在竹根雕的世界里挥凿舞刀,雕出一个又一个新世界。没想到,这件事竟然被杨成寅教授听说了。杨教授听说后,直截了当地对张德和说:"你能搞什么就搞什么,不要在意别人怎么说。"

杨成寅的话,再次改变了张德和的想法,也给了他巨大的鼓舞。他又重新开始摆弄起树根雕来。原有的积累,加上树根的丰富性,让张德和找到了更大的创作空间。他说,现在雕的东西不是停留在技术层面上,更多的是体现思想、情感和文化内涵。他的仕女、文人士大夫等题材的作品,最大限度地利用了根材的自然形状和纹理,雕刻的成分并不多,却充分表达了艺术语言,突出了神韵、意境和审美特征,把工艺和自然完美地融合起来,趣味十足。

渐渐地,他的树根雕作品获金奖的数量反而超过了竹根雕,面对外界质疑的眼光,他却说:"将来等我再潜心于竹根雕创作的时候,那时的竹根雕作品,可能又会是另一种思路了。"

竹根雕的后艺术馆时代

一位日本客商在看到张德和的竹根雕《大智》后,提出了花 60 万元买下它的想法,但张德和却说:"不卖。"因为那个时候,他已经产生了建一个专业根雕馆的想法,把这些作品留存后世,不再售卖自己的作品。

2006 年的秋天,张德和筹资兴建的"德和根艺美术馆"在象山丹城东谷湖畔落成开馆。这幢青瓦白墙、马头墙高翘的三层楼建筑占地 5 亩多,由建筑大师吴良镛院士

总体设计,充满江南水乡情韵,在湖光山色的映照下显得幽雅静谧。这是在象山县政府划拨土地,并贴息贷款500万元的基础上,张德和投资700万元建成的一座私人艺术馆。也是他告别原本拥挤不堪的三层小楼"德和堂"后建成的现代化艺术馆。

在此前的5年时间里,张德和与夫人投入了巨大的精力,从筹款,到土建,到装修,他吃住在工地,一个原本每日琢磨艺术形象的工艺大师,瞬间变成了一个地地道道的"工头"。而在此后的几年,他曾重新改造装修,完善和强化了各类功能,拓展了展出区域后又重新开业。

他说:"那几年,我最

大的作品就是这座艺术馆。"

德和根艺美术馆分"竹韵""木魂""根趣""展痕""竞秀""鉴古"六个展区。里面展出的作品,绝大部分都获过各项金、银等大奖,而展览作品的文字部分亦出自张德和之手。其中篇首《奇根叙》,读来颇有新意:"我是天地的儿子,贫瘠造就我本质,苦难磨砺我意志,风雨锤炼我性格,岁月雕琢我模样。我粗拙,但懂得自尊自爱;我平庸,却从不自暴自弃。我的形象在雾中,靠灵魂的眼睛去发现,我的语言在梦里,由思想的耳朵去倾听,我的生命在腕底,用情感的雕刀去创造,我的理想在天际,凭智慧的翅膀去追逐。"

2008年暑期,首届浙江省高级根艺班在德和根艺美术馆开课,来自全省的34名根雕爱好者参加了为期一周的学习,根艺班上有4名教授、6名大师授课并现场制作。有意思的是,张德和既是象山竹根雕艺术的开拓者,同时还是该项技艺的省级非物质文化遗产代表性传承人。德和根艺美术馆也被确定为宁波市非物质文化遗产传承基地。

开馆以来,每年根艺美术馆都会接待社会各界参观者万余人。他说:"一项技艺,在我手上创造,还要在我手上发展传承下去。"

相信,在未来,这项艺术的传承者,也会越来越多。

灰雕

省级非物质文化遗产代表性项目
2009（第三批）

传承人

朱英度

男,宁波鄞州咸祥镇人,生于1946年。朱英度擅长雕塑龙凤和人物,他的灰雕寓意丰富,雕刻精细。

现为非遗项目"灰雕"省级代表性传承人,曾获浙江省"百位工艺大师绝技展"金奖。

灰塑人生

永不消逝的灰雕

1993年的某一天,台风过境宁波。

当天晚上,风在窗外呼啸着、肆虐着,整片天地仿佛都在颤抖。朱英度辗转反侧,做了一夜的梦。

他仿佛变成了六七岁的小儿,回到了咸祥老宅。老宅中的书房,对他来说像是一座宝库,四面的书柜很高,装着满满的线装书。他踮起脚,伸长手,够到一本书,是《资治通鉴》;转身取来一本书,是《古文观止》。而书桌上的几封信,他拿起来细细阅读,竟然是爷爷与沙孟海先生往来的书信……

梦境一变,他堪堪初中毕业,爷爷对他说:"不如去省城吧,去读浙江美院附中!"于是,他背起行囊踏上了赴杭的行程……

第二天醒来,风止雨歇。朱英度记挂着才做好没几天的灰雕,匆匆赶到东钱湖郭家峙中的龙王殿。

刚走到门口,就听到院子里人声鼎沸,村民们围在一起,正在议论着什么。

"昨晚上的风那么大,都把屋顶上的兽吻给刮下来了……"

"可你们看看,这兽吻居然一点都没碎!"

朱英度穿过人群,果然看到了被刮落在地上的灰雕,那只栩栩如生的兽吻依然保持着完整的形状。他并不惊讶,因为出于对于灰雕这门手艺的自信。

灰雕最主要的原材料———蜊灰,是用从沿海地区浅海中捞上来的贝壳煅烧而成的。

煅烧后形成的是生蜊灰,等到要用时,取出来,加一定比例的水,也就是"化蜊灰",在此过程中,还要不断搅拌,使其变得更黏稠,更有韧性;化好的蜊灰不能马上使用,得储存在地窖里"养",并按照一定比例加入明矾、细砂、麻筋等,增强其抗拉抗折性。

"过去则是通过加红糖、糯米粉,来增强蜊灰的拉力,防止脱落裂开。"就因为这些特殊的材料,灰雕才会异常牢固,哪怕房子烂了、倒了,灰雕依然不会消逝,且水火不侵。

艺术的午后时光

朱英度握着批刀的手,在风吹日晒、岁月侵蚀下,变得粗糙不堪,满是褶皱。可也是这时,他握着批刀创作,此时此刻的心却是澄净自由、任意翱翔的。就如同年少的他,握起画笔时的感觉。绘画对于他,仿佛是一件再自然不过的事情,说不出喜欢的理由,可就是令他心生欢喜。

上语文课的时候,小小的学童,听着听着就走神了,手不由自主地在课本上涂涂画画,不一会儿工夫,关羽、张飞、赵子龙……一个个三国人物就栩栩如生地出现了。

"这是什么?"爷爷无意间发现了他课本上的作品,表情十分严肃。朱英度自知有错,低头不语。他下意识地搓了搓自己的手,以为这一次是逃不过家罚了。

他屏气凝神了很久,爷爷却一直没有动静。他忍不住抬头望去——老爷子翻着课本,细细观看那一幅幅人物涂鸦,一边看竟还一边点头。"喜欢画画?"老爷子问。

他使劲点了点头。

"那好,既然想画,就一定要画好了!"

从那会儿开始,家里就订了《中国画》杂志,还给他买了画笔和颜料。而那个暑假,他见到了他的启蒙老师——朱良骥。

他还记得朱老师对他说:书法也好,画画也好,学上了,就一天也不能放下!

这句话,他记了一辈子。

然后就是杭州的求学经历。那一年,朱英度可以经常见到沙孟海。周末,叔叔朱秀谷拜访沙孟海,必定会带上他。

有时,他乖乖地坐在那儿,听他们聊天:书法、美术、古今中外;有时,他也不安分,获得沙老师许可后,翻看他书房里的山水画册页;有时,沙孟海挥毫泼墨,他就在一边观看,一站就是一个下午……

从接受画师朱良骥、画家周忠的指点,到前往美院附中求学,朱英度面前,似乎铺开了一条追求绘画艺术的光明大道。然而,仅仅一年后,"文革"开始,爷爷被打成右派,一个家族、一个人的命运瞬间被改写了。

遍布宁波的作品

朱英度又回到了咸祥,回到了早已物是人非的家。

干了一段日子的农活,也吃了许多苦,他终究选择以替漆匠师傅画床沿、衣柜上的图案为业。至少,他没有放弃画画!

直至1978年,他由初中班主任老师杜国贵(时任天童、阿育王寺整修办公室主任)介绍,去天童寺绘画,恰遇宁波工艺美术界掌门人曹厚德先生。

他还记得那一天午后,他正专心致志地拿着绘笔创作,过了许久,才发觉背后有人挡住了光线。他皱了皱眉,转过头去,是一位气质儒雅的长者,朝他微微笑着。

"画得不错。"他说,"你叫什么名字?"

他如实回答。

从那天开始,他跟着曹厚德学绘画,还有泥塑。

就像是安排好似的,还是在那里,他结识了从杭州市政园林公司请来的灰雕师傅朱贵法,由于是同乡、同族,再加上朱英度聪明能干,朱贵法就正式收他为徒,从此,朱英度走上了灰雕艺术之路。

灰雕的第一课,朱贵法问他:你知道灰雕和泥塑,还有木雕的根本区别在哪里吗?

朱英度愣了愣,没有回答。

"记住,泥塑和木雕做的都是减法,而灰雕是加法。一层层地加上去……"朱贵法用手势表达着,朱英度看着,入了神。

没有想到,这一干,就是40多年。继承了朱贵法先生的精湛技艺,宁波的城市乡村,不少仿古建筑上的灰雕都出自朱英度之手,比如灵隐寺、天童禅寺、阿育王寺、普陀山普济寺屋顶上的龙头及兽,镇海九龙湖旅游度假区九龙壁,等等。在众多作品中,有一件作品他印象很深,"宁海福寿庵的九龙图,虽然雕刻的面积不大,但当时庵里要求的是整体龙体要扑出壁面三分之二,而以往的作品只需扑出一半,这样的作品看起来更立体,整条龙会有呼之欲出、迎面而来之感,但对于工艺的要求却大大提高了。"仅福寿庵的九龙图,朱英度就雕了整整一个月。

一气呵成的艺术

兴之所至，朱英度也会把自己的一番手艺演示给徒弟看。

施工场地旁边，在半面已经残缺的白墙面前，朱英度来回踱了两趟。

"朱师傅，你雕个牡丹花吧？"

"那还是雕只翠鸟好了……"

朱英度笑而不语。

只见他拿起毛笔，开始在墙壁上浅浅勾勒线条，姿态潇洒自如，像是一名画家来了兴致，意兴盎然地挥洒大作。寥寥几笔，一个坐姿的古代仕子形象就跃然墙上。他斜倚在椅上，头戴文人帽，身姿飘逸，似乎目光悠远，正在思考着什么……

线条勾勒完毕，没有丝毫停顿，朱英度就开始把早已和好的灰泥土刮在草图上。先是大刀阔斧地填充，然后才是精雕细琢。那种熟练自信的样子，确实令人觉得"下刀如有神"，但若是一刀失误，就很可能全盘皆输了。

才几分钟工夫，人物的五官神态就已成形，脸上的皱纹、帽檐上的褶皱也清晰可见。"天啊，太神了，好像是苏东坡啊！"附近围观的居民都忍不住惊叹。当整幅人物灰雕完成，一共不过用了半个小时。"速度一定要快，要是等

灰泥干了,什么活都做不成了!"

确实,整个灰雕的过程,就需要一气呵成。做灰雕要先设计好图案,然后再经配料、造型、定型、做细、上胶水、上彩等步骤。天气热时,灰塑干得尤其快,塑型根本不能有丝毫的停滞,即便到用餐时间也不能停工,经常要饿上一天肚子。在庙宇顶上做活最苦最危险,为了减少上下架子的时间,朱英度干活时基本不喝水,免得上厕所。冬天还好,夏天在屋顶上顶着大太阳干活,顺着身体滑落的汗水能把鞋子打湿。正是因为要吃这种苦,很少有人能坚持一辈子干这行!

要一辈子守着这一门手艺,要几十年如一日做这一件事,没有极度的"痴"是不可能坚持下去的……

有一年,朱英度应北仑新碶街道之邀,要在一面总长

98米、宽1.5米的墙壁上,雕塑著名画家贺友直先生的连环画《我自民间来》。这不仅仅是照样画葫芦,"塑"出来的"画"得有形,更要有神,对朱英度来说,无疑是一次难度巨大的二次创作。

创作的过程,足足花了4个月。朱英度再一次入心入神,如痴如醉。哪怕是大雪纷飞的夜晚,在如冰窖一般的围棚中,点起两盏大灯,他便忘记了寒冷,忘记了饥饿,忘记了日与夜,沉浸只属于自己的世界。

当作品终于完成,贺友直先生亲自到现场来看,啧啧赞叹:"原汁原味!"朱英度在旁,微微一笑。

没有白过的七彩人生

最近这一周,朱英度的日程依然排得满满的。

有3天,他要在位于鄞州非遗馆内的工作室创作,接待前来体验灰雕传统技艺的游客;还有3天,他要忙着去各个学校上课,比如惠贞书院、东南小学,教孩子们灰雕入门的基本手法。

对于这门传统手艺,朱英度并只在于守成,更意在创新。

他尝试过玻璃与灰雕艺术的结合,尝试失败;他尝试用灰雕表现卡通形象,可总觉得哪里不对劲⋯⋯

可他会继续尝试下去。

2022年,朱英度77岁。

"我觉得这门传统手艺不会失传。"他说。

"如今,传统审美的回归,只会让它越来越受关注。"他说。

"因为灰雕,我这一生没有白过⋯⋯"他说着,走出工作室的大门,夕阳的余晖落在他的背上,并没有黄昏的落寞。

慈水年手制技
城磨糕工作艺

传承项目

省级非物质文化遗产代表性项目
2012（第四批）

谢大本

传承人

男,浙江绍兴人,生于1937年10月。自1962年起,从原慈城民间的年糕制作工艺中吸纳并掌握工艺特性,加以归纳整理,并进行产业化尝试。近年来,将这一民间工艺进行较为系统的整理,并在冯恒大作坊将工艺作有计划的传承。

现为非遗项目"慈城水磨年糕手工制作技艺"省级代表性传承人。

"纸上谈兵"的非遗传承人

"哇！""好大啊！""妈妈你快看那个！""这个绝对是世界纪录了吧！"

2005年1月1日，在江北区慈城镇第三届庙会暨第二届年糕节上，来往的行人不时发出惊呼。现场，一个长5米、宽1.15米、高0.35米，重达2300千克的"大年糕"十分吸引眼球，观看的人更是围得里三层外三层。这个大家伙也不出意外地获得了上海大世界基尼斯总部的世界纪录认证，被评为"世界上最大的水磨年糕"。而在人群的另一边，一位老人远远地看着这一幕，露出欣喜的微笑。

老人是谢大本，"大年糕"制作的技术指导。这条年糕，也耗费了他和18位师傅加班加点整整5天的时间——从12月26日"动工"，一直到12月31日才"完工"。其间除了磨粉和压榨两道工序通过机器操作，其余的工序全部由师傅们手工完成，采用了传统的水磨工艺。

但其实少有人知道,当时已是"慈城水磨年糕手工制作技艺"代表性传承人,后来成为浙江省非物质文化遗产"慈城水磨年糕手工制作技艺"传承人的谢大本,其实并不会"做"年糕。

或者说,他其实无法"手工"制作年糕,而是"纸上谈兵"。

实际上,自1953年全国实行粮票统购统销开始,手制年糕的传统就开始式微,这一古老技艺就此演化,老作坊式全手工制作逐渐消失。而谢大本与慈城年糕结缘,已是近10年后的1962年。

他的年糕奇妙田野调查

1958年,在北京读大学的谢大本因病肄业,随后来到当时轻工业局下属的宁波食品科学研究所工作。4年后,他被调入当时还是国企的冯恒大,也第一次来到了慈城——中国年糕之乡。

作为传统美食,年糕的品种五花八门,产地也遍布全国,其中尤以南方为盛。谢大本的老家绍兴也产年糕,但当第一次品尝到慈城年糕,他立刻就发现了它与其他年糕的不同:慈城年糕软糯却又滑韧,一口咬下去,迎着唇齿而来的是一股温柔回弹的力道,此前他所吃过的其他地方

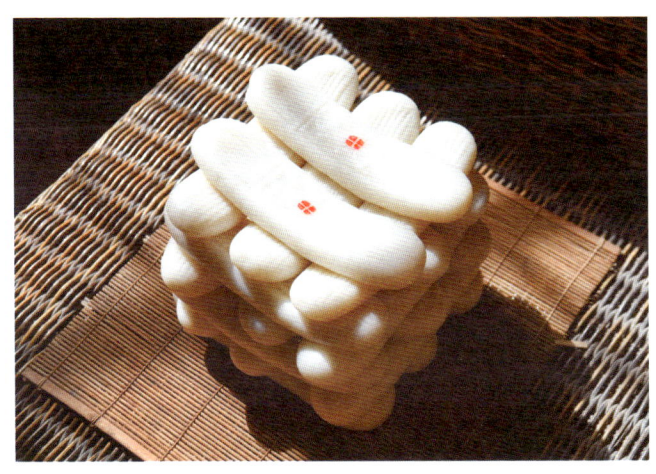

的年糕,却只有软糯而绝没有这种绝妙的回弹。这样好的韧性,同时也不黏嘴,让年糕在谢大本的嘴里极尽"爽滑",一下子就抓住了他的味蕾。

"这年糕是怎么做的呢?"谢大本不禁发出了疑问。身边有慈城人就告诉他"水磨""本地米""十道工序",一通专业名词下来,他听得云里雾里。

慈城当地一首童谣唱得好:"十二月望大年夜,家家户户搡年糕。"恰逢腊月,虽然已不是家家户户都搡年糕了,但仍有几户人家凑在一起做年糕的习俗留存。出于喜爱和好奇,在工作之余,谢大本开启了他的"慈城年糕田野调查"。

制作手工年糕是旧时腊月里的大事,在那个时节,但凡做年糕的地方，总是热闹非凡的。初十左右，要做年糕的人家就几户几户地凑在一起淘米和浸米，在泡上七到十天后（中间会换一次水，防止米变酸变味），就会开始磨粉。人们会派出家里最精壮的男人，合作着，由一个男人控制磨头，其他人喊着号子推动巨大的水磨石。磨声和号子声常常引来周边的住户围观，而谢大本往往都会挤到最前面，和孩子们一起凑近了看，同时边看边记录。看着控制磨头的男人一边往面里添米，一边添水，谢大本恍然大悟，原来这就是水磨，他也发现了慈城年糕与其他年糕最大的不同：其他地方的年糕制作大多是不加水干磨，因而磨出的是粉；慈城年糕是水磨，因而磨出的是米浆。"也许，就是这个磨粉上的区别，造就了口感上最大的不同吧。"谢大本不禁喃喃。

而看了不少次磨粉后，谢大本又发现了其中更多的奇妙。男人们之间是否齐心合力，决定了米浆的润滑、细腻度，进而年糕的成品口感往往天差地别。

"看来磨粉是'水磨年糕之魂'了。"——谢大本思索许久后，在笔记本上记下了这样一句话。

除了磨粉的方式与其他地方不同，他发现慈城年糕的制作工序也要多上不少。因为磨出的是米浆，就少不了干燥的步骤：磨粉的时候，石磨下要放一个篮子，篮子里放两支红稻草，再铺上大白细布，等米浆装满裹拢后再覆盖上一层草木灰,并在之后的 24 个小时里进行干燥,其间还要勤换草木灰来防止米粉发酵。最后,干燥完的米粉是块状的,男人们还要用手和木刨将它们搓成粉,也就是俗称的"擞粉",有更讲究的人家往往还边擞边蒸。

看得多了,谢大本又发现"擞粉"当中也有奇妙,擞得好不好、细不细,同样会大大影响年糕的口感。

"擞粉擞粉,擞得越粉,年糕越韧。"——他又记下了这句话。

蒸的阶段就朴实无华了,笼底要铺上天萝丝,用急火蒸。往往谢大本回去吃个饭的工夫,米粉就出锅了。所以他也就没有在笔记本上记下关于蒸的看法,因为他必须抓紧吃饭,不然就会赶不上做年糕最精彩的部分。

蒸熟后,米粉就会被放入石臼中捣,往往是一个眼疾手快的男人将被揉开的粉团推回去,一群力大无穷的男人排着队接力挥舞石锤揉,将粉团彻底揉匀、揉实、揉糯,这就是通常人们说的"打年糕"了,也是做年糕全流程中最具观赏性的环节。至于为什么石锤要排着队接力挥舞,那也是没办法的事,毕竟再精壮的男人,舂个二三十下就会力竭,不休息会儿打下去的力道就会差上许多,所以排着队打才更有效率。谢大本尝试过几次,最后发现自己也没有"天赋异禀",在奋力挥舞二十几下后,交给了下一位。

"打年糕,是一项光靠一个人无法完成的工作。"——谢大本如是记录。

在年糕被打成光滑的团后,男人们发挥力量,将年糕团揪开搓成条,而女人们则将年糕条放入糕板内再脱模,就做成四角呈方、纹样各异的年糕了——这道工序叫作"座印"。谢大本发现,还有些人家喜欢用年糕板按住年糕条来制作,这样做出来的年糕只有表面有花纹,却没有棱角——叫作"揿印"。

不论是四四方方,还是圆圆滚滚,它们都是美味的慈城年糕。

而除了做年糕的腊月,谢大本的年糕田野调查在一年四季都未停止,在一次次的外出中,他在狭义的做年糕之外,还发现了许多更奇妙的事情。

非遗传承人,为什么一定要会"做"呢

在成为慈城年糕的非遗传承人之后,不了解谢大本的人,在第一次见到他之后,往往想要看他是怎么"做"年糕的,但他都是推说:"我不做年糕的!"

他往往会不厌其烦地带着拜访者去看做年糕的设备:石磨、石臼等。客人们用吃奶的劲儿去推,石磨才松动些许,而挥动打年糕的木柄石锤,更是远在大部分人的

能力之外。

"如果按 15 斤年糕粉算,一个壮年人,打 30 下就能把他的力气耗尽,这也就是为什么我说我不会'做'年糕。"已经 70 多岁的谢大本微笑着如是说。况且,做年糕始终不是一个人能独立完成的事。

这样看来,一个不会"做"手工年糕的非遗传承人,似乎有些名不副实了。

但了解他的人都知道,谢大本对慈城年糕及其背后文化的收集与贡献,远超过做年糕这件事本身。

清初宁波地方文献《桃源乡志》中有"良湖稻(可做年糕)"的记载,说明康熙朝之前,宁波人就有做年糕的历史,作为宁波府下属的慈溪县县城,慈城人做年糕的年代至迟也应该在同时期。谢大本在走访中,也找到了不少实证。

他发现慈城人的家中,大都保留着一块以上做年糕用的印花板,而在这些印花板的背面也常雕刻着家族姓氏和年代 —— 不论是洪家、张家还是李家,大都是从清中晚期传下来的,可见当时慈城做年糕已经十分普遍。

除去做年糕的工艺,成就慈城年糕美味的要诀还在于原料。在不断的田野调查中,谢大本发现,恰恰是慈城地区水稻里晚熟粳米米粒大、粳糯适中且带有黏性的特质,成为做年糕的最佳"基底"。也许《桃源乡志》所说的"良湖稻"就是这种米。加之慈城的山泉水是晚粳米的最佳

"拍档",因而成就了慈城年糕的名气。

他曾尝试过用不同的米种和水源制作年糕,口味上都有差异,最终得出结论:慈城本地米和本地水"二者缺一不可"。

此外,在踏遍慈城每一寸土地的过程当中,他还发现了慈城年糕与其他地区年糕最大的区别,这一区别甚至超过了年糕制作技艺。那就是——慈城有着独有且丰富的年糕文化。

在悠久历史的加持下,慈城年糕形成了一套制作习俗和禁忌。与普通人想象当中混乱的制作场景不同,慈城年糕的制作其实是井然有序且干净整洁的,就连做年糕的人都必须穿上干净衣服,更要时刻说着吉利话。如果近期见过红,或家中近有丧事,就不得参与年糕的制作。

谢大本认为,年糕对慈城人而言,已经不仅仅是一种简单的食物,更被赋予了许多神圣的属性。每每做年糕时,他都会看见第一笼做出的年糕会被放到场地的最高处,点上香烛用于敬天地;第二笼做出的年糕则会被放在桌子上,贴上红纸,用以感谢慈城丰饶的物产;第三笼年糕又会作为贡品供在祠堂敬给祖宗先辈;待全部年糕做完后,年糕还会被分给来帮忙的人、四周的邻里……同时吃年糕绝对不能浪费,吃了一半扔掉是不会被允许的。

慈城人把做年糕看成是跟造新房、娶新娘一样的大

事,整个制作过程都体现了虔诚之心,要精心挑选原料,米浸好盖好盖子需要用红纸封住,红纸上还要放上两根筷子——以示坛中的东西是用来做年糕的,不要随意打开。凡此种种,给了谢大本很大的震撼:居然有一个地方的人们,如此敬畏一种食物。这种对年糕的敬畏,更存在于方

方面面——谢年、接财神等年俗活动,少不了年糕的身影。至今,慈城本地还流传着许许多多与年糕有关的歌谣和民谚,"荠菜笋丝炒年糕,灶君菩萨亦馋劳""出力勿讨好,阿黄揉年糕""堕皮嫂样样要,外套脱落盛年糕"等等,雅俗共赏。

其中的"堕皮嫂"指的就是堕民。旧时,慈城东门外还住着不少堕民。每年岁末年初,这些穷苦的堕民就会从年糕店里买来小小的年糕元宝(称作银元宝),有的再加用黄豆粉、苞米粉等做成黄色的条状糕(称作金条)。他们随后会提着篮子,挨家挨户"贴金送银",寓意四平八稳、邻里和睦。受送的人家也会送上祝福:好事成双年年高。随后就会向堕民们赠送成筐的大年糕,这些年糕,将成为堕民们很长一段时间的主食。

这些习俗,或许有许多已跟随历史的变迁随风而逝,但都被谢大本一一记录下来并牢记在心中。相比于具体的做年糕,他认为这些独有的习俗,更是慈城年糕历久弥新的关键所在,也是非遗传承的精神内核。

新时代的手工年糕,又何必是手工

尽管谢大本1962年就进入"冯恒大",并且细心搜集、整理年糕制作工艺,吸纳并掌握工艺特性,但老宁波人其实都知道,老"冯恒大"并不生产年糕,酱油、豆制品、酒才是它的主业,那些年"冯恒大"开过年糕作坊,可始终叫不响名号,年糕多供给乡亲邻里,走不出小村庄。

一直到2002年,新老板纪平接手"冯恒大","冯恒大"年糕的产业化尝试终于提上了日程,谢大本满肚子的经验也终于派上了用场。

但长久以来,人们心中总有一种固有的观念:"什么吃食都是手工做的好,机器做的差。"这种观念,同样存在于年糕当中。

"从前过年的时候,几户人家的壮劳力凑在庭院里打年糕,现在一方面没了场地,另一方面也凑不齐足够的男丁。"谢大本说。生活的变迁,让手工制作年糕失去了土壤。

但在不断提升改进工艺的过程中,谢大本越发察觉:"所谓机器年糕,又与手工年糕有什么区别呢?"首先,以前磨粉需要两个人用石磨,现在不用石磨,也不需两个人,改用机器磨,虽然工具变了,但技艺、原理完全相同,石磨磨出的米浆并不会比机器磨的好,甚至还不如机器磨的细腻,时代发展、科技进步,米浆只会更细腻。其次,米浆磨出来后,要榨干、沥干,过去用布袋,现在用压榨机,也只是换了个工具,布袋用手压,机器也是手操纵,机器的力气还会更大。再次,捣年糕,过去人工捣,现在机器压,作用的原理也并未变化。最后,过去年糕要在水中保养,目的是隔绝空气延长保质期,现在的年糕要真空包装,原理也是一致,只是变得更健康、卫生。这些变化,与岁月变迁中做年糕的变化,并无不同,或并无本质上的区别。

所以机器年糕、手工年糕,并无区别,甚至在品质上,现在的机器年糕只会更加上乘、更加好。比如过去磨米

浆,要在水中加米粉,加的多少全看老师傅的手 —— 经验把控,如今有了一个标准和精密仪器,出品质量只会更加稳定。

"今后生产年糕的工具、技术肯定还会更加提升。"谢大本如是说。

2003年,慈城年糕被认定为原产地标记产品后,所产生的品牌效应推动了慈城年糕产业的快速发展,并成为推介江北的一张产品名片。近年来,由于国家对原产地标记产品的管理转型为地理标志产品管理,慈城年糕企业需重新申报使用国家地理标志专用标志。江北区在2017年10月启动了申报工作,历时3年,2020年11月,多家年糕龙头企业先后被核准使用"慈城年糕"国家地理标志专用标志。

而已经年逾八旬的谢大本,仍旧乐此不疲地整理着他的田野调查笔记,随时准备把慈城年糕的故事讲给他人听。

鄞州竹编

省级非物质文化遗产代表性项目
2012（第四批）

传承人 叶良康

男，宁波鄞州区塘溪镇东山村人，生于 1947 年 6 月。16 岁正式接触篾匠活计。2009 年，他参加第十一届中国上海国际艺术节的长三角地区手工编织邀请展，9 件作品中有 8 件入选"编之缘"优秀作品集，并在嘉定竹刻博物馆展览 1 个月，展览结束后所有作品销售一空。

现为非遗项目"鄞州竹编"省级代表性传承人。曾获浙江省"百名工艺大师绝技展"金奖，浙江省"梁祝杯"彩灯大赛金奖。

用一辈子，做一件事

"爷爷，你快看我做的这只小鸟!"七八岁的小孩子拿着手中稚朴的竹编作品，递向眼前的老人。老人是村里的一位竹编艺人：老篾匠钱阿兴。他常来孩子的亲生爷爷家做客，一来二去，成了孩子竹编道路上的引路人。

看着这只有模有样的小鸟，钱阿兴眼角的皱纹随着微笑泛起涟漪：虽然算不上精巧，但这个孩子，却已通过这件小作品，展现出了他惊人的天赋。而这些，全然仅是自己口头传授的结果。

他郑重其事地问："你脑子很灵光，不过竹编这条路，会很苦，也会很长，你想走上这条路吗？"

孩子并不懂这个问题意味着什么，乌黑的双眸却散发出光芒："我喜欢竹编，我想做一辈子竹编。"

钱阿兴微微一笑：或许，这个孩子，会攀

登至自己从未企及的高峰。

轰隆隆的一声雷响,睡梦中的叶良康被惊醒,天还没有亮,屋外的雷光闪亮一阵过后,又恢复了幽暗,寂静的夜里,只有雨点伴随悦耳的滴答声在屋后的竹林中跳舞。51岁的叶良康摇了摇头,他最近总是做着这样一个梦:梦见七八岁时的自己,因为做出一只竹编小鸟而无比喜悦。

半辈子与竹编为伴,终说再见?

1998年夏天的一个晚上,52岁的叶良康关上了位于鄞州区塘溪镇东山村的竹编厂大门。从明天开始,这家竹编厂就要改头换面,变成一家服装厂,叶良康对制作服装没有兴趣,全权交给了儿子打理。

从1985年开始承包东山村的工艺竹编厂,竹编制品的需求量只在最开始的3年获得了稳定增长,而随后的10年,因为日常生活中的竹编用具大多被价廉物美的塑料制品所取代,生意开始急转直下。苦苦支撑了10年,叶良康终于撑不下去了。

最后一次"下班"的他,漫无目的地走在河边,脑中全是一株株竹子、一根根竹条和一件件自己制作的竹编制品。命中注定般,他迈进了东山村随处可见的竹林中,看着君子般伫立的翠竹,他的思绪开始像竹涛般翻涌。

16岁的时候,叶良康正式跟随钱阿兴学习削竹、劈篾、编制等一系列的全套竹编手艺。当时的老艺人已年过七旬,体力渐渐不支,因此,叶良康的所有学习,只能凭着口头指点。在边干边摸索中,叶良康开始登堂入室。

1967年,东山村为了改善村民生计,利用丰富的山林资源,办起了竹编厂,已经有点名气的叶良康理所当然地被招到了厂里,当时工厂里生产的,主要是日常生活中使用的热水瓶的竹壳子、竹篮、竹筐、竹匾等。这些产品经由叶良康的手而出,显得格外精良,为竹编厂打响了名号,他也就此成为厂里的技术骨干。

在夜以继日的设计、打样中,叶良康和同事们生产的产品,远销日本、德国、法国等国家,每个季度,订单都如雪花般飘来,叶良康第一次觉得:竹编虽小,却是大家生活中必不可缺的日常用品。

一切似乎都在往好的方向发展着,几年后,村里派他和几位竹编技术较好的青年工匠去宁波工艺美术厂进修。第一次接受系统化的培训,成了他竹编人生中的转折点。在进修期间,他认识了工艺美术师李生友——如果说钱阿兴是叶良康走上竹编道路的引路人,那么李生友就是在竹编的十字路口,为他指明方向的导师。

一天下午,叶良康正在编制一个竹篮,经过几天来技能和知识的学习,他不自觉地将所学所悟融进自己的手中,一个造型和工艺水平远不同于之前的作品已经初具雏形,此时,叶良康心生疑惑:眼前的这件小样似乎已经开始超越了实用的范畴,增添了一些工艺的审美意味,这样的作品,制作时所需的艺术基础更高,售价也会提升,但是否会得到老百姓的喜爱呢?

这个时候,李生友正好路过,看见了这件半成品,顿时眼前一亮,他知道,这个来进修的青年人,已经有所领悟。他忙说:"这个竹篮要是完成度再提高一些,就可以称得上是一件工艺竹编作品了。""工艺竹编"这个词,就这样第一次进入叶良康的脑海中,他忙问:"现在日常实用的竹编销量非常好,这种工艺竹编会不会有人喜欢呢?"

李生友微笑道:"现在或许对这一类竹编没有实用竹编那么高的普遍需求,但高山流水,下里巴人,每一种竹编,都有它的市场。也许在未来,工艺竹编会越来越受到

人们的欢迎。"得到李生友如此肯定,叶良康开始萌发出从实用竹编向工艺竹编、从单纯的工匠向工艺美术师转变的念头。

天还没有全黑,温热中一阵凉风吹过,竹林中的叶良康稍稍收回了思绪,他的身体,因为回想起自己第一次迈进工艺竹编大门的经历而兴奋得有些微微颤抖。他记得,从那之后,东山村竹编厂也开始开发起了工艺竹编品,李生友成了厂里的技术顾问。几年后,外贸订单开始发生变化,工艺竹编品的需求量持续上升,对制作工艺也提出了更高的要求。

叶良康记得,那段时间,他的工作强度很大,既要生产,还要设计。体力与脑力长时间处于高度紧绷的状态,极少生病的他在那一年生了一场大病。但时过境迁,如今想来,他却莫名心生眷恋,毕竟,那是属于竹编的黄金时代。

清风骤停,天渐渐黑了下去。叶良康轻轻抚摸着一棵棵竹子,缓步离开了这里。

盛极而衰,有的时候,仅仅在弹指之间。

有些事情,是不可能割舍的

"赋闲"在家的叶良康,静静地过上了三天"清闲"的生活,可却总觉得浑身不自在。一根根散发出缕缕清香的竹条仿佛有魔力般,默默地倾诉着它们的孤独。

而每到夜晚,叶良康又开始做起那个熟悉的梦,梦中那个单纯的孩子,编着现在看来略显粗糙的小鸟,天真的双眸一闪一闪,嘴角不自觉地上扬,得意扬扬地看着接近完工的人生中的第一件竹编作品。无数次的午夜梦回,无数次的惊醒,叶良康终于发现:有些事情,是不可能轻易割舍的。那一天吃过早饭,他坐在家门口的小板凳上,开始琢磨起用竹条编一些好看的玩意儿。

这时,屋里的一本《世界动物百科全书》引起了他的注意,这是去年他托人买来的,却因为竹编厂的事没有细看。如今再翻开,孔雀开屏、雄鹰展翅、鸳鸯戏水、金牛斗角……这些花鸟鱼虫、飞禽走兽在书中栩栩如生,仿佛有了生命,破书而出,直冲向叶良康的心门。"小时候就喜欢编动物,不知道现在手艺见长没有。"他不禁自言自语起来。

接连看了一上午之后,叶良康开始揣摩动物的形态、神情和姿势,慢慢地,小样画成了,他急忙拿去给家人看,询问画得如何。家人看他这个样子,连忙夸奖:"画得好的,非常像!"

嘿嘿一笑,叶良康又喃喃自语:"我从小也特别喜欢画画,那个时候家里没有什么条件,我就用粉笔、墨汁在墙壁报纸上涂涂画画。想不到现在还有功底在。"

动物竹编,要先有出色的小样画作,打模造型才能栩栩如生,为了让自己的竹编动物更富有天然的灵性,没学过拍照的他特意购买了相机,开始一趟趟地往动物园跑,拍摄动物写真。回到家后,将从各个角度拍摄的照片放大冲洗,再仔细揣摩造型和颜色。

2011年秋天,叶良康买来了工笔画大师喻继高的《花香鸟语:喻继高工笔花鸟画精选》画册,伏案对照临摹了上百张画稿。他灵光一闪,将工笔重彩的技法运用到了竹编上,又把浮雕技艺通过制作体现了出来。那一年,一幅宽100厘米、高80厘米的"松鹤延龄"平面工艺竹编,在用上这些技艺后,树和鸟相映成趣,成为他最得意的作品之一。

但图册内容有限,拍照范围太小,他又将目光转移到了网络图片。时间来到2012年7月,当时已经66岁的叶良康学会了上网,从此打开了新世界的大门。

令他喜出望外的是,网络上不仅动物图片种类繁多,还有许多分解图,这让有些年老眼花的他在琢磨竹编模型时省了不少功夫。从此,他的竹编动物,不仅形态逼真,而且神态生动,展现出了一种别样的"精气神"。精湛的手艺,实用美观的竹编制品,让他在关闭竹编厂10多年后,在不足20平方米的工作室中,见到竹编订单又一次纷至沓来。

那一刻,叶良康的眼眶中,已经浸润了泪水。他知道,自己终于熬过了竹编梦最困难的10年。有情自然可以饮水饱,但如果没有市场需求,也许,他就会成为最后一代竹编艺人。

这种热忱和担忧,在这10年间无时无刻不困扰着他。但他也渐渐发现,自己的工艺竹编越来越有市场,与此同时,传统的竹篮、竹筐等实用竹编,似乎重新得到了人们的喜爱。非遗展出越来越多,叶良康每次都会去出摊"凑热闹"。而每一次,他的摊位前总能聚起围观的人群,带着孩子来的父母,口中总会念叨:"这个就是爸妈小时候家里用过的竹篮。"每当听见这些话,叶良康的眼角总会笑得泛起皱纹的涟漪。

曾经一度想要放弃的梦,经历苦苦的沉浮,终于成为他生命中不可分割的一部分。叶良康常说:"我不会搓麻

将,也不喜欢喝酒侃大山,要是没有这些竹子,退休后还真的不知道做些什么好了。"但更令他担心的,是竹编的传承问题,以前做竹编的老匠人,如今,都已经远离了这项技艺。也许,市场回暖,未来就会有年轻人进入竹编的世界,爱上这里吧。

传承,其实不易

想要完成一件出色的竹编工艺制品,需要描图、制作模型、选材、劈篾、编制、上色、上漆等一系列流程。目前为止,掌握全套工艺的,全宁波市范围内,已经只剩叶良康一人。2012年,"鄞州竹编"被列入浙江省非物质文化遗产代表性项目名录,叶良康成了"鄞州竹编"的非遗传承人。

竹编工艺,入门易而精通难,想要在这条路上走得长远,既要有市场的需求,又要制作者兴趣使然。七八岁时的记忆隔三岔五地出现在叶良康的梦境中,也许,这种"动手"的兴趣,更需要从小开始培养吧。

于是,他开始在鄞州上城小学、塘溪小学、东裕小学,姜山镇中学,鄞州职高(宁波市鄞州职业高级中学)等学校的竹编传承和教学基地传授技艺。看着眼前这些认真听课的孩子,他仿佛看见了小时候的自己。

他悉心地指导,这些孩子也用斐然的成绩回报了他的期望：2011年至2015年，姜山镇中学的学生连续5年获得宁波市中学生劳技操作比赛团体第一名，3名学生的作品获得了一等奖；上城小学的工艺竹编作品在中国少儿美术作品大奖中获得了8个金奖、4个银奖……而他自己，也在2013年被评为浙江省优秀民间文艺人才。

但比这些成绩更令他欣喜的是，2015年，刚刚大学毕业的孙子向他提出了学习竹编的愿望。这让叶良康的心中闪起了久违的光芒。

"爷爷，你看这幅画怎么样，能不能做成竹编？"

"你画得比爷爷好多了，但是要做成竹编还需要进行修改，很多内容你现在还实现不了。"叶良康微微笑着，但心中其实有些着急，"竹编要学到精髓，起码要四五年的时间。"他担心，四五年后，自己的眼睛就不好使了，他不希望自己的孙子也如他一般，通过口头教学入门，那样的话，又会耗去孙子许多时间。毕竟，自己开始学习竹编，只有七八岁啊。如今，时间，成了他最大的敌人。

一段时间过后，叶良康的孙子也能编一些相对简单的竹制品了，他正欣喜之时，意想不到的事情发生了。

"爷爷，我不想学竹编了。"

听到这句话，叶良康心中"噔"的一响，愣了许久，终于叹了口气。"是因为学这个太艰苦和寂寞，"他顿了顿，"还是因为毕业了，想着去做其他的工作呢？"

他的孙子摇了摇头,又咬牙点了点头。心中有一滴泪划过,叶良康又叹了口气:"如果不喜欢,爷爷也不会强迫你的。"他还想说些什么,却没有再说下去。

久违的希望之火,只燃烧了几个月就再度熄灭,让叶良康深受打击,失落了许久。他原以为市场的回暖,会让这一门濒临失传的手艺"起死回生",却没想到,时代已经大不同前。很少再有人会用四五年,甚至更长的时间,去一门心思地苦心钻研一个未来并不太明朗的手艺了。而那些学校里的孩子,虽然有的对竹编有浓厚的兴趣,将来或许会有一两个想走上竹编的道路,但到那时,却已经没有人可以再去教他们了!

传承,现在看来,其实不易。

希望的原野

经历了小小的挫折,叶良康把心力放到更为广阔的传播上。他将自己作品的制作过程和成品图放到了网上,供大家观看、学习。先后加入几个竹编爱好者组建的QQ群,成为他们的"老师",为大家解答疑难问题,传授心得体会。从此,他的"徒弟"中,不仅有中小学生,还有普通农民、银行职员等来自各行各业对竹编有兴趣的人。

有一天,他突然开始思考一个问题:竹编这项工艺,是怎么产生的呢？当人们的生活有了需求，审美有了需要的时候，生活在竹林边上的人们，就地取材，披荆斩棘般地摸索，最终创造出了竹编。

而现在的自己，或许正是在做一件散播火种的工作。哪怕将来不再能教授别人，这些星星之火，在某一个契机之下，也能产生一股"重塑"竹编的燎原之力，竹编或许会短暂沉浮，但永远不会灭亡。

这样想着，叶良康的心境又开阔起来。半个多世纪，可能也是有些人的一整个人生，他与竹为伴，从没有分离一天。对他来说，匠人精神的意思，也许就是：一辈子，只做好一件事。难得的是，路途坎坷，他却做到了。

这一天，叶良康依旧坐在他的工作室中，细心地一刀刀将竹条劈开，微凉的秋风透过窗户，进了屋，吹走了桌子上的尘屑。对着洒进来的阳光，一双制作出无数竹编工艺品的略显粗糙的手斑驳沧桑。推了推老花眼镜，他似乎很满意今天的准备工作，缓缓露出了笑容。

"吱呀"的开门声响起，一个声音紧随其后：

"爷爷，我觉得，我还是喜欢竹编，我想，再跟您学！"

象山剪纸

省级非物质文化遗产代表性项目
2012（第四批）

传承人

谢才华

男，宁波象山县东陈乡人，生于1944年11月。中华民族文化促进会剪纸艺术委员会理事。他卖掉唯一的住房，投入退休工资，建造剪纸艺术馆，无偿将5000余平方米的艺术馆和所有剪纸作品捐赠给了国家。

现为非遗项目"象山剪纸"省级代表性传承人。荣获"民间艺术大师"等称号。

从指尖到纸上的匠心

一双手,一把剪刀,一张红纸。微微低头,略略沉吟,然后,手上动作如飞,没有一丝的停顿凝滞,"刷刷"几下,不过数十秒,一条"鱼"就出现在大家面前。

再看拿着剪纸的这双手,粗糙黝黑,满是老茧。这是一双饱经沧桑的男人的手。精致的剪纸与粗糙的手,形成如此鲜明的对比。

他,就是谢才华。

画出的剪纸,剪出的画

午后,一座普通的农家院子里,6岁的谢才华好奇地盯着身边的农妇,她的手会"变魔术"。一张很普通的红纸,用一把剪刀,三下两下,就变出一个"囍"字;再操起剪刀,起起落落,一幅"喜鹊报春"呼之欲出。

"真漂亮啊……"男孩在心里一声声地

惊叹,那些图案也在他心底镌刻下无法抹去的印痕。

谢才华身边这位看上去毫不起眼的农妇,名叫高妙兰。他喊她"伯母",而这位伯母被潘天寿先生称为"中国农民画里程碑式的人物"。

在开始创作农民画之前,高妙兰也十分擅长剪纸、刺绣,经常会剪一些窗花、门帘花。她正是凭着这门手艺维持生计。谁也没有想到的是,高妙兰的这门手艺,竟然让住在同一个院子里的谢才华,萌生了对剪纸艺术的好奇和热忱。

一开始,他的习作稚嫩粗糙,剪出来的窗花总是支离破碎、不成样子,有时一心急,还伤了手。这些小挫折并没能熄灭他对剪纸的兴趣火苗,反而引得他冥思苦想,问题出在哪儿?母亲看到谢才华苦恼的样子,同样擅于剪纸的她忍不住点拨儿子:"剪纸就像绘画,动剪前,心中先要有画!"

一句话,令谢才华醍醐灌顶。剪纸也有很多种类,有些人剪纸要刻、剪配合,但他用的,是纯粹的民间剪纸方法,手上的工具,只有一把普通的剪刀。剪纸时,必须线线相连,如果把一部分的线条剪断了,就会使整张剪纸支离破碎,形不成画面。所以,动剪前,必须胸有成竹,脑中有画,才能一气呵成,创作出完美的剪纸作品。

于是,小小年纪的谢才华,显得比同龄人更为沉静。

在别人眼里,他经常盯着某一人、一物或一景发呆,只有他自己知道,他,在观察。

自然界的花鸟鱼虫,老人妇孺的五官表情,亭台楼阁的布局……而他最喜欢观察的是大海、渔船和渔民。闻着充满海腥味的空气,看到渔船满载而归,船舱里堆满各种渔获,渔民脸上洋溢着收获的欢欣,这个时候,他的心情也变得愉悦起来。于是,虾兵蟹将、各色鱼类,扬着风帆的渔船,还有充满力量的渔民,都在他脑海里连点成线,勾勒出一张张丰盈的画面。

当脑海里的画面变得沉甸甸时,他的手就忍不住持起剪刀,在一张张纸上"刻画"起来,一张薄薄的纸,可以变幻出万千世界:它是婀娜的少女,面庞青涩;它是年迈的老人,目光深邃;它是奔腾的骏马,尘土飞扬;它是枝头的鸟儿,尽情欢唱;它是繁花似锦,是彩云追月,更是吉祥喜庆,五谷丰登……

如此美妙的世界,令他欲罢不能。

沉浸其中,一醉六十载

18岁的谢才华,有了展示才华的一方小天地。

那一年,他初中毕业,被安排到公社邮电所工作。单位门口有一块黑板宣传栏,而他领到了一个任务,每星期的黑板报由他来负责。这块小小的宣传栏,成了他放飞想象力的自由之地。

他出的黑板报与众不同,除了粉笔字,上面还贴了一张张他最新创作的剪纸作品。刚开始,谢才华有些忐忑,怕别人说他另类。好在有人驻足观赏,对着他的剪纸啧啧称赞:"不错,不错,贴上更好看!"

赢得大家的称赞,他更有自信了。

渐渐地,他剪纸的名气传了开去……

"那个谢才华听说了吗,剪纸那个漂亮啊!"

"知道,知道,他的手比大姑娘还要巧!"

于是,四里八乡的人逢年过节、婚嫁祝寿,都找他来剪纸。谢才华有求必应,很爽气地免费赠送。

谢才华剪纸,一不图财,二不为名,只是喜欢而已。

剪纸很讲究线条,因为剪纸的画面就是由线条构成的。根据实践经验,人们把剪纸的线条归纳为五个字:圆、尖、方、缺、线。要求达到"圆如秋月、尖如麦芒、方如青砖、缺如锯齿、线如胡须"。可以说,线条是剪纸造型的基础。越是喜欢剪纸,越是沉醉于心,谢才华越觉得剪纸艺术是一门需要深入研究的学问,不下功夫,根本达不到至高的境界。

所以,每天晚上5点到11点,早上5点到7点半,他便沉醉在剪纸的世界里,谁都无法把他唤醒。这一醉,就

孕期保健

优质服务保健康

计生国策深入人心

和谐家庭

学习雷锋我也行

优质服务 随访上门

醉了整整 60 年。

剪刀换了一把又一把,那一双手也从光洁有力到渐渐布满皱纹,时光轻轻从剪刀上流走,留下那一幅幅精致的剪纸作品在时光的长河中凝成不朽。

从 16 岁到 76 岁,整整 60 年,谢才华剪完一万三千多件作品,两次打破吉尼斯世界纪录。

他的作品题材包罗万象,除了民间传统的吉祥图案,

他的剪纸还穿越了6000年历史,他曾创作古代布纹和陶纹图案各100幅,其中古布纹分别取材于衣饰、被褥、台布等,以鸟兽鱼虫、花卉及明清时期传统民间图案为主,极富装饰韵味;古陶纹取自碗碟类的生活用品和龙凤花瓶类的工艺品,年代跨度更长,上至象山出土的6000多年前的塔山陶器纹理,下至民国年间的家居陶器图案,无一重复,各具情态。

在他的小小剪纸中,还能体现大题材。在香港、澳门回归祖国时,他创作的 50 米长的《百龙图》和 50 米长的《百嬉图》,分别由浙江省政府、宁波市政府作为珍贵礼物馈赠香港、澳门特别行政区。为了配合 2008 年北京奥运会、中国开渔节等重大活动,他相继创作了《申奥体育》《中国渔文化》《中国百船图》等作品,其中 2008 幅申奥体育作品得到北京奥组委赞赏,被列入 2008 年奥运会特殊纪念品。

旁人无法体会他的剪纸世界是多么丰富多彩,富有意趣;旁人也无法理解,在这小小的一方天地里,他的身姿岿然不动,仅凭一双手、一把剪刀,如何能坚持六十载?然而,更让人意想不到的事情还在后面……

方寸天地,剪纸王国

2007 年,谢才华变卖了自己 70 平方米的商品房,拿出所有积蓄和剪纸作品,打算建一座公益剪纸艺术馆。

这个举动让人震惊。家人当然有情绪,卖掉房子等于生活没了依靠,况且当时谢才华的女儿正借钱买房。外人更是无法理解,忙忙碌碌大半辈子,你到底图什么?

谢才华自己,当然是有一番深刻的考虑的。60 年的积累,这一万三千多件作品,承载了自己的喜怒哀乐、所

思所想,以及这漫长的人生经历,这些都是他的宝贝。然而,如果它们没有一个固定的容身之所,渐渐地,总会流失……所以,他想要为这些宝贝安一个家。于是,建一座博物馆的念头越来越强烈。

备受质疑和煎熬的谢才华,并没有打消这个主意。建一座剪纸艺术馆,成为他心中的一个执念,不完成不罢休。终于,拿着卖房和积蓄凑起来的30余万元,他开始为筹建艺术馆奔走。2008年,在当地政府的支持下,崭新的艺术馆终于落成。

这座艺术馆凝结了谢才华大量的心血,从最初的设计到后来的施工、验收,都是他亲力亲为。剪纸艺术馆落成后,谢才华将艺术馆和所有馆藏作品都捐赠给了国家,没有给儿子和女儿留下任何财产。如今,剪纸艺术馆收藏了谢才华创作的剪纸作品一万三千余幅,并定期开设剪纸、农民画培训班,已为6300多名学生提供了剪纸培训。

看着他如此执着地完成了自己的梦想,谢才华家人的思想也有了明显的转变,从想不通,到想通,再到最后的全力支持。因为他们在谢才华的身上,看到了梦想的力量。

但是,旁人依然无法理解:"你做的这一切,究竟为什么?"谢才华笑而不答……

这是很平常的一天清晨,象山东陈乡樟岙村的青山绿水间一座古色古香的两层建筑,谢才华推开门,走进艺术馆,眼睛里是满满的欣喜和得意。因为这里的一物一景,都承载着他的心血和梦想。处理完馆内的一些事务,他便又开始埋头创作,在他的剪纸王国里,他仿佛拥有了全世界。

木杆制秤作技艺

传承人

胡松青

男,宁波江北区慈城镇人,生于1948年9月。从事杆秤制作40多年,制作大小杆秤1000余支。

现为非遗项目"木杆秤制作技艺"传承人。

慈城最后一个制秤人

这一天黄昏,太阳还未完全下山,远处的枝丫,古镇的小道,还有屋顶的瓦片,都晕染了一层淡淡的红。

若是像往常那样,此时正是胡松青收铺关门的时间,然后再迎接第二天的朝阳。可今天格外不同,店铺里原来挂得满满当当的秤都已被收拾妥当,如今四壁空空。他最后一次擦拭干净桌子,收起门板,恋恋不舍地端详着这个曾经经营了30年的店铺,作为最后的告别。

2016年5月30日,胡松青的秤店关门了。因为营收已经无法支撑每个月的房租,他只能把小店搬到了家里。

这一天,他的步履格外蹒跚,从店铺到家里不过5分钟的路程,可他觉得很漫长。他踽踽独行,身影茕茕孑立,脑海里突然涌现出父亲教导他时的那一幕幕……

学艺，子承父业

胡松青的父亲胡敬宝是永康人，曾是到处行走的挑担人，经过小镇和村子，穿过大街与小巷，他行走江湖倚仗的手艺是制秤。1938年的一天，他来到了慈城，这个山水灵秀、商贸繁华的古镇，令他一见倾心。也许，他来到慈城的时间正是黄昏，夕阳洒在屋顶上，家家户户炊烟袅袅，让他倍感温暖。

这时，胡敬宝已略有积蓄，他决定是时候安定下来了，而慈城正是安家的好地方！

于是，他找了一个店铺租下来（现位于民生路21号），还请人写了招牌，胡顺昌秤店就这样热热闹闹地开张了。1948年，胡松青在店铺中出生。当他呱呱坠地时，似乎就已经注定他会子承父业，一辈子制秤！

16岁那年，他第一次真正接触制秤。

读了半年的初中，胡松青就辍学了。父亲叹了口气，摇摇头说："要么，你还是跟我进黑白铁社做秤吧！"（1963年慈城成立黑白铁社，个体制秤匠全部入社）

刚当学徒的日子，异常辛苦。扫地擦窗、拉风箱、敲榔头，最累的杂活必定是他干的。直到半年以后，在忙碌的间隙里，胡松青才能跟着父亲学制秤。

"不识秤花，难以当家。"那个时代，木杆秤是太常见的

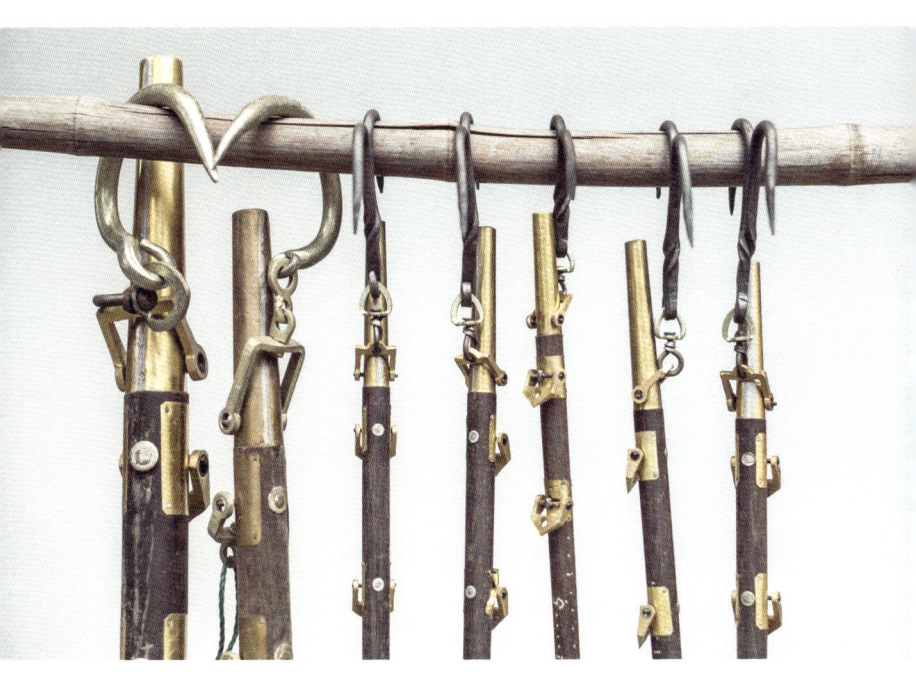

工具。小时候，他无数次见过父亲端着那根普通的木杆，像是握着最珍视的宝贝，可动作却是轻巧熟练的。那时候，他总觉得父亲是在变戏法，三下两下就把一杆秤变出来了……

"喏，这是二两，这样就是一斤，一两就是一两，一斤就是一斤，那是丝毫作不得假的！"儿时的记忆里，父亲抱着他识那星星点点的秤花，那时候父亲庄重的神情，深刻地印进胡松青的脑海里。

胡松青曾以为，自己从小耳濡目染，做杆秤还不是手到擒来，可真的做起来，才发现原来很不简单。由于是纯手工打造，制秤的工序十分烦琐：选料、刨圆、打磨、定位、钻孔、装秤纽、打秤星、上料、校准，等等，每道工序都容不得半点马虎。

只见父亲挑了一块木料给他："你看看，有没有什么特别？"

这木料放在手里沉甸甸的，看上去是那样普通，胡松青上下端详了一遍，又摩挲了几下，茫然道："看不出来啊……"

"做秤，必须得挑选木质坚硬且纹路细腻的木料，为了确保它做成木杆秤后不会开裂，还需要风干一年以上，等木料定型后，笔直不弯曲的才是上佳的材料……"父亲轻轻抚摸着那块木料，目光沉淀着岁月的醇厚。

胡松青似乎能想象那些木料的变化，在通风干燥之处，承受阳光、空气，还有风的考验。那细小的变化常人难以一眼观测出来，可在春夏秋冬的轮回中，在日与夜的交替下，有些木料悄悄地弯曲，出现了褶皱；有些却依然挺直着，不肯弯曲一分一毫。

"接下来的刨圆更是力气活！"父亲对胡松青说。

那时正是寒冬腊月，父亲却脱下了身上的棉袄。

"这样不会着凉吗？"胡松青心中满是不解。

原来，刨杆秤真是件累人的活，才不一会儿，父亲就已

汗流浃背。他的动作重复而机械,可胡松青牢牢地盯着,因为他知道,父亲所做的每一个步骤,都是几十年经验的沉淀。

就那样一天天的,一道道工序学过去,似乎也不是很难。可很快,胡松青就知道自己错了。

制秤，亦如做人

"做秤最难也最重要的一道程序就是钉'秤花'。"父亲对胡松青说，"这一道难关你能过，那也就差不多学成了……"

父亲的双手如此熟练：先在秤杆上从前端到末端画一条直线，然后按计量部门规定的标准，在直线上钻小孔，在孔上插入细软铅丝，用钉秤特用的快刀割断铅丝，然后轻轻敲一下，便在秤杆上留下了"秤花"。大秤小秤的秤杆上都要钻600多个小眼、钉600多个星眼，眼钻不直，钉出的秤星就不直，就会直接影响到秤的准确度，这全凭手工，需一气呵成，每一道稍有闪失，秤就会出现偏差。

这个时候，胡松青第一次认识到知识的力量。"秤匠还需懂得物理、数学，否则定刻度时颇为费力。当时我的文化学得少，在这道关卡上我屡屡失败！"回忆起初学时的情景，胡松青陷入沉思，眼前仿佛出现父亲的身影，他沉默地示范着手上的动作，一步步地告诉他如何成为一个称职的秤匠。

曾经他以为制秤只是一样普普通通的手艺活，可后来才明白，每个年代都会在秤杆上留下深深浅浅的刻痕，而他手中的那杆秤则镌刻了近50年的风雨变幻。

改革开放的大潮，就那样迅疾地席卷到了这个古老的

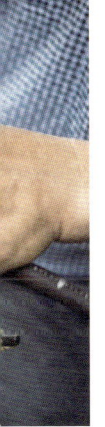

小镇。慈城兴起做生意热潮,有的人家经营起小本生意,买卖一些日常用品;有的则做起大生意,建房开厂。生意兴盛起来,也带动制秤行业的兴旺。

1986年,胡松青做了一个大胆的决定:自己出来开店!

店铺是他老早物色好的,位于民主路1号,地方不大,却足以容纳这份小手艺的施展。秤店就这样顺顺利利地开张了。那时候,做买卖,都需要用到秤,胡松青的生意好到店铺的门槛都要被踏破。手头上的一杆秤还没做完,就已经被订了出去。生意最好的时候,他不得不彻夜赶工,连睡觉的时间都没有。

"要不收两个学徒?你这样哪里忙得过来!"妻子对他说。

胡松青连声道好……

那是秤店最好的日子。他们的生活也随之变得红红火火。他回忆起那段门庭若市的时光,不由得感慨起来。

这中间也有一个插曲。有一天,店里来了一个人,是个卖猪肉的商人。一出手就是大手笔,问:"我要定制10杆100斤的大秤,一个星期以后要!你做得好吗?"

"做得好!做得好!"胡松青一口答应。要知道当时定制一把100斤的大秤,价格要60元左右,10把就是600元,那在当时可是大数目啊!

一想到能接到这么大的一笔生意,胡松青喜不自禁。然而,事情并没有那么简单。

趁店中没有其他客人,商人要求胡松青在秤中做手脚,并答应完成之后钱好商量。

听到这样的要求,胡松青的脸一下子就涨得通红。这笔数目的钱不是不诱人,这样大的生意不是不想做,可是他怎么能为了这些破坏作为一个秤匠的诚信和原则?

他想起,小时候父亲对他说:"我们做秤的,一两就是一两,一斤就是一斤,那是丝毫作不得假的!"……

胡松青最终拒绝了这个猪肉商人,也让很多抱有"坏心思"的人吃了闭门羹。

杆秤,见证变迁

胡松青也不是没有想过,制秤技艺能够一直传承下去,传到第三代、第四代,而胡家的秤店能成为慈城的百年老店。所以早早地,他就把手艺教给了女婿,他不愿意看到这门手艺就这样在他手里断了。

然而,时代的变革是如此令人措手不及。科技的日新月异,电子秤的推陈出新,很快就把木杆秤挤到了边缘的位置……

店铺里的生意就这样迅速没落,只有少数农民才会依然把它当作称量的工具。一开始,胡松青是落寞的。

接下去,自然没有人愿意接手这门手艺,女婿早已去厂里上班。他一个人守着一家"风烛残年"的小店,听着门楣上挂着的几杆秤的秤盘随风摇晃,发出"哐当哐当"的响声,有点不知何处去的茫然。

可是,胡松青很快就想明白了。任何一门手艺,都像一个人,过了人生中最灿烂、最鼎盛的青年和壮年期,不可遏制地终会步入老年。虽然作为称量的工具,木杆秤已经没落了,但是作为一种工艺品,木杆秤正开始萌芽。有一次,胡松青把自己的手工秤带到了一个庙会上,一些年轻人啧啧称奇:"原来还有这样的老手艺啊!"80元一个的精致小秤,转眼就被一抢而空。

店铺关闭的那一天,胡松青怅惘了好一段时间。可他很快又乐观起来,付不起租金开店,那就在自己家里做秤呗!

"只要有一个人定制木杆秤,我就会一直做下去!"胡松青在黄昏的落日下,整整齐齐地收好他制秤的全套工具,走进屋内用晚饭。

屋子里的桌上是热气腾腾的几个小菜,小狗在脚下欢快地摇头摆尾,老伴麻利地摆着碗筷。作为慈城最后一个制秤人,胡松青并不悲观:能留下的终会留下来……